优秀传统文化传播机制研究

钟 洲 著

吉林出版集团股份有限公司
全国百佳图书出版单位

图书在版编目（CIP）数据

优秀传统文化传播机制研究 / 钟洲著. -- 长春：吉林出版集团股份有限公司, 2023.3
ISBN 978-7-5731-3115-7

Ⅰ.①优… Ⅱ.①钟… Ⅲ.①中华文化—文化传播—研究 Ⅳ.① G125

中国国家版本馆 CIP 数据核字 (2023) 第 057666 号

优秀传统文化传播机制研究
YOUXIU CHUANTONG WENHUA CHUANBO JIZHI YANJIU

著　　者	钟　洲
责任编辑	宋巧玲
封面设计	李　伟
开　　本	710mm×1000mm　　1/16
字　　数	193 千
印　　张	11.75
版　　次	2023 年 9 月第 1 版
印　　次	2023 年 9 月第 1 次印刷
印　　刷	天津和萱印刷有限公司

出　　版	吉林出版集团股份有限公司
发　　行	吉林出版集团股份有限公司
地　　址	吉林省长春市福祉大路 5788 号
邮　　编	130000
电　　话	0431-81629968
邮　　箱	11915286@qq.com
书　　号	ISBN 978-7-5731-3115-7
定　　价	69.00 元

版权所有　翻印必究

作者简介

钟洲 男，1986年8月出生，广西壮族自治区贺州市人，毕业于广西民族大学，硕士研究生学历，现任贺州学院助理研究员。研究方向：少数民族文化传承。参与完成国家科研课题2项，发表论文5篇。

前　言

我国作为四大文明古国之一，其历史十分悠久，优秀传统文化的积淀经历了几千年。传统文化是中华民族语言习惯、文化传统、思想观念、情感认同的集中体现，是中华民族弥足珍贵的历史财富，同时也是中华民族凝聚力和创造力的源泉。随着社会、经济、文化向前发展，人们所处的文化环境发生了天翻地覆的变化，人们逐渐开始忽略传统文化。本文旨在通过对优秀传统文化传播机制的探讨，推进我国优秀传统文化的传承和发展，提升我国文化软实力与综合国力，扩大中华优秀传统文化的世界影响力。

全书共六章。第一章为绪论，主要阐述了优秀传统文化的基本概念、优秀传统文化的璀璨内容、优秀传统文化的基本特征、新时期优秀传统文化传播的必要性与紧迫性等内容；第二章为优秀传统文化的思想精华，主要阐述了优秀传统政治文化、优秀传统伦理文化、优秀传统法治文化、优秀传统智慧文化等内容；第三章为优秀传统文化传播的基本依据，主要阐述了理论依据、历史依据、现实依据等内容；第四章为优秀传统文化传播的现状分析，主要阐述了优秀传统文化传播机制取得的成绩、优秀传统文化传播存在的问题分析等内容；第五章为优秀传统文化传播机遇与挑战，主要阐述了优秀传统文化传播的机遇、优秀传统文化传播的挑战等内容；第六章为优秀传统文化传播的机制探讨，主要阐述了优秀传统文化传播的基本原则、优秀传统文化传播机制的完善、优秀传统文化传播的策略探讨等内容。

本书在撰写过程中借鉴和吸收了许多前人的研究成果，参考了大量的文献资料，在此，谨向各位专家、学者和文献的原作者表示诚挚的谢意！

由于作者的学识、时间和精力方面的局限，书中难免有疏漏和不当之处，敬请各位专家、读者不吝赐教。

目 录

第一章　绪论 1
第一节　优秀传统文化的基本概念 1
第二节　优秀传统文化的璀璨内容 7
第三节　优秀传统文化的基本特征 22
第四节　新时期优秀传统文化传播的必要性与紧迫性 28

第二章　优秀传统文化的思想精华 33
第一节　优秀传统政治文化 33
第二节　优秀传统伦理文化 37
第三节　优秀传统法治文化 46
第四节　优秀传统智慧文化 52

第三章　优秀传统文化传播的基本依据 67
第一节　理论依据 67
第二节　历史依据 77
第三节　现实依据 80

第四章　优秀传统文化传播的现状分析 88
第一节　优秀传统文化传播机制取得的成绩 88
第二节　优秀传统文化传播存在的问题分析 97

第五章　优秀传统文化传播机遇与挑战 ⋯⋯⋯⋯⋯⋯⋯⋯⋯ 113
第一节　优秀传统文化传播的机遇 ⋯⋯⋯⋯⋯⋯⋯⋯⋯⋯⋯ 113
第二节　优秀传统文化传播的挑战 ⋯⋯⋯⋯⋯⋯⋯⋯⋯⋯⋯ 116

第六章　优秀传统文化传播的机制探讨 ⋯⋯⋯⋯⋯⋯⋯⋯⋯ 129
第一节　优秀传统文化传播的基本原则 ⋯⋯⋯⋯⋯⋯⋯⋯⋯ 129
第二节　优秀传统文化传播机制的完善 ⋯⋯⋯⋯⋯⋯⋯⋯⋯ 133
第三节　优秀传统文化传播的策略探讨 ⋯⋯⋯⋯⋯⋯⋯⋯⋯ 149

参考文献 ⋯⋯⋯⋯⋯⋯⋯⋯⋯⋯⋯⋯⋯⋯⋯⋯⋯⋯⋯⋯⋯⋯⋯ 176

第一章 绪论

优秀传统文化不仅是我国传统文化的重要组成部分,同时也是我国传统文化的精髓,它对于我国文化软实力与综合国力的提升具有不可估量的作用。随着时间的流逝,优秀传统文化也在逐渐被人淡忘。因此,加强优秀传统文化的传播势在必行。本章分为优秀传统文化的基本概念、优秀传统文化的璀璨内容、优秀传统文化的基本特征、新时期优秀传统文化传播的必要性与紧迫性四部分,主要包括文化、传统文化、优秀传统文化的概念及其界定等内容。

第一节 优秀传统文化的基本概念

一、文化与传统文化

(一)文化

"文化"一词很早就出现在中国的语言表述之中。如《易·系辞下》[①]载:"物相杂,故曰文。"《说文解字》[②]则记载:"文,错画也,象交文。"其"文"有文采和纹饰之意,后被引申为装饰和人之修养之意,再经过后世的发展被认为有礼乐制度、文化德行等含义。而"化"在《说文解字》中有"化,从匕,从人。匕,变也,从倒人"的说法。含义"化"由正倒二人同构,因而需二人迁就感化以协调融洽,并行不悖。故《易·系辞下》有"男女构精,万物化生"的说法。其中

---

① 刘君祖. 详解易经·系辞传 [M]. 北京:新星出版社,2011.
② 许慎. 说文解字 [M]. 长沙:岳麓书社,2019.

的"化"可引申为改变、教化与培育之意。而将"文"与"化"并联使用则较早见于《周易·贲卦·彖传》①的"刚柔交错，天文也。文明以止，人文也。观乎天文，以察时变；观乎人文，以化成天下"。此处，"天文"指天道，"人文"指人伦，即以"人文"而"化成天下"，其中的文化教化和文治之意已清晰可见。

一般而言，文化的早期使用常与"武力"与"暴力"等相对，有文明与精神教化之意。而在西方语境中，文化是由拉丁语转化而来，具有栽种、保护、居住以及耕作和动植物培育等多重含义。而后，对于"文化"的释义则逐渐转化为品德修养和陶冶情操等意。在18世纪启蒙运动后，"文化"常被认为是"理性"的象征，代表个人的素养以及整个社会的思想文明成果。中西方的"文化"就缘起而言存在一定差别，中国更倾向于教育、教化之意，重视社会教化和人文养成，而西方则倾向于物质活动进而引申到精神领域，将重心放在人与自然的关系上。

"文化"与人类的生活息息相关，有着极其深厚的内涵和广阔的外延。基于不同的学科分类、不同的分析视角以及政治视野的分歧，世界各种辞书和类书对文化给予过多种界定。据人类学家克罗伯（Kroeber）和克拉克（Clark）统计，仅1871年至1951年，关于文化的定义就达164种之多。而至20世纪80年代末，关于文化的定义就已超过250种。长期以来，对于文化的争论从未停歇，对于文化的研究亦是日新月异、新说纷呈。1871年，英国人类学家泰勒（Taylor）在其著作《原始文化》中对文化进行了系统的论述，认为"文化是包括全部的知识、信仰、艺术、道德、法律、习俗以及作为社会成员的人所掌握和接受的任何其他的才能习惯的复合体"②。1922年，梁启超在《什么是文化》中认为文化是"人类心能所开积出来之有价值的共业也"③。梁漱溟先生在《中国文化要义》中则进一步指出："俗常以文字、文学、思想、学术、教育、出版等为文化，乃是狭义的。我今说文化就是吾人生活所依靠之一切，意在指示人们，文化是极其实在的东西。文化之本义，应在经济、政治乃至一切无所不包。"④这里赋予了文化以更广泛的意义。张岱年和程宜山在其著作《中国文化精神》中又进一步加以解释，即认为

---

① 张振祥.周易[M].北京：民主与建设出版社，2020.
② 泰勒.原始文化[M].蔡江浓，译.杭州：浙江人民出版社，1988.
③ 梁启超.梁启超讲文化[M].天津：天津古籍出版社，2005.
④ 梁漱溟.中国文化要义[M].上海：上海人民出版社，2011.

"文化是人类处理人和世界关系中所采取的精神活动与实践活动的方式及其所创造出来的物质和精神成果的总和,是活动方式与活动成果的辩证统一"[1]。在这里,张岱年先生主张运用马克思主义辩证法对文化进行定义,主张对于文化的研究既要面对事实,又要把握其发展过程中的律动的脉搏和活的灵魂。而亨廷顿在《文化的重要作用——价值观如何影响人类进步》[2]中将文化界定为一个社会中的价值观、态度、信念、取向以及人们普遍特有的见解。这是基于研究文化如何影响社会变革和经济发展的视角对"文化"概念进行的界定。

综合国内外学者对于"文化"的研究,我们可以看到学者们对于文化的理解和分类存在着分歧:既有广义文化和狭义文化之分的说法,又有外显的文化和内隐的文化之分的说法;既有广义文化、狭义文化和中间层次文化之分的说法,又有外层的文化、中层的文化和里层的文化之分的说法。同时,亦有学者基于自身的研究从哲学、文化人类学、社会心理学和其他社会科学领域等对文化加以界定。尽管对于"文化"的定义和解释众说纷纭,但我们还是会得出一些共识的内容,即学者们普遍认为,文化是人类思想创造和物质创造的总和,文化不仅指的是人类已经创造出的有形和无形的成果,也包含人类的动态的创造过程,是集成果与过程为一体的较为复杂的系统,其中包含着众多相互联结的子系统,且这些子系统彼此交织、相互制约。

(二)传统文化

要讲清楚"传统文化",首先需对"传统"与"文化"的概念进行界定。"文化"的概念上文已阐述,此处就不再赘述,这里重点对"传统"的概念加以说明。关于"传",《释名·释典艺》[3]有"传,传也,以传示后人也"的记载,可引申为"传递"之意;关于"统",《汉书·贾山传》[4]有"自以为过尧舜统"的记载,可引申为"事物的代代相传"之意。明代胡应麟在《少室山房笔丛·九流绪论上》中言:"儒主

---

[1] 张岱年,程宜山.中国文化精神[M].北京:北京大学,2015.
[2] 亨廷顿,哈里森.文化的重要作用——价值观如何影响人类进步[M].程克雄,译.北京:新华出版社,2010.
[3] 刘熙.释名[M].北京:中华书局,2021.
[4] 班固.汉书[M].谭新颖,主编.桂林:漓江出版社,2018.

传统翼教，而硕士名贤之训附之。"[1]这里的"传统"与现代《辞海》对传统的定义是相通的。即"传统是世代相传、从历史延传下来的思想、文化、道德、风俗、艺术、制度以及行为方式等，对人们的社会行为有无形的影响和控制作用"[2]。这里强调了传统文化的一个重要特征是民族延续性，即传统通常是被老祖宗普遍认为有价值的东西，进而延续下来。但是传统亦有积极和消极之分，还需我们用马克思主义辩证法来客观冷静地分析，对传统的认识进行改造和取舍，成为当前一项重要课题。

由于"传统"与"文化"时常连用，所以容易被误解为传统就是传统文化，但文化作为一个较为复杂的概念，加上"传统"二字，其范围亦缩小在由前人传承的文化范畴中。

综合而言，对于传统文化的界定较多，有的学者认为，传统文化是一个民族在历史中形成、积淀的，带有鲜明个性特征和稳定性特征的精神文明形态、物质文明形态和行为文明形态。因而要从三个方面对传统文化进行认识：传统文化是人类社会发展的遗传基因；传统文化是一个民族的存在根基；传统文化是人的终极身份证。由此指明了传统文化对于保证人类社会良性发展、坚持民族品格以及人的自我价值的肯定具有重要意义。也有学者认为，传统文化就是文明演化而汇集成的一种反映某一个民族特质和风貌的民族文化，是民族历史上各种思想文化、观念形态的总体表征。相对当代文化和外来文化而言，其内容应为历代存在过的种种物质的、制度的和精神的文化实体和文化意识。在这里，突出了传统文化的民族性特点。尽管学者们对于传统文化的释义众多，但是其中基本都包含着"历史、稳定、独特"三个关键要素，且基本都认同传统文化具有民族性、稳定性和包容性的特征，亦基本认同传统文化具有较强的社会整合功能和排异功能，能起到很好的提升民族凝聚力的作用。此外，对于传统文化与文化传统的认识还应进行区别。一般而言，文化传统常被认为是人们长年累月而形成的一种惯性和固定的模式，其特征具有潜移默化性与集体性，是不需要加以认知和强化就自然存在的东西。而传统文化是具体的，需要经过后天习得，且不依赖于主体并需要加以认知和继承才能得以延续。

---

[1] 胡应麟. 少室山房笔丛[M]. 上海：上海书店出版社，2009.
[2] 上海辞书出版社. 辞海[M]. 上海：上海辞书出版社，2019.

二、优秀传统文化

(一)优秀传统文化的含义

优秀传统文化,顾名思义,由"优秀""传统""文化"三者构成,后两者前文已予以解析,这里进一步分析"优秀"的含义。"优秀"出自鲁迅《书信集·致赵家璧》中"我以为印刷,装订,都要算优秀的"[①]。这与现代汉语词典所释义的"非常好,超出一般"的含义是一致的。综合来看,传统文化经过漫长的发展,蕴含着丰富的内容,其精华与糟粕并存,而在如何正确对待传统文化的问题上亦历经坎坷,尤其是当中华民族遭遇外来侵略时,陈序经等人主张从根本上否定我们的传统文化,进行全盘西化。然而,历史最终证明,一个全盘西化的民族很难屹立于世界民族之林。直到中国共产党将马克思主义与中华传统文化有机结合,创立了中国化的马克思主义,我们才真正探寻出一条如何认识和看待传统文化的正确之路。这正如汤一介先生所言,正是由于"西学"对中国文化的冲击,我国学者对自身传统文化有了一个自我反省的机会,才最终知道发展中国传统文化应该发扬什么、抛弃什么和吸收什么。对于"传统文化"的概念,目前学界的界定尚未统一。有学者认为,传统文化是指从远古至清晚期以前这段漫长历史中形成和发展起来的古典文化体系。曹启富、向天华认为传统文化指的是"在历史长河中逐步形成并发展起来的,长期留存在中华民族之中,具有稳定表现形态的文化"[②]。还有人则认为,中华民族传统社会的整体生活方式和价值系统就是我们的传统文化。

优秀传统文化的含义则可以理解为是中华民族在漫长历史进程中形成和发展起来的具有稳定形态的优秀的中国文化,或者说是对中国传统文化的扬弃发展和迎合时代发展要求的精华部分。与此同时,优秀传统文化包含浩瀚广阔的内容,需要我们根据时代发展要求而进行凝练。2017年中共中央办公厅、国务院办公厅印发的《关于实施中华优秀传统文化传承发展工程的意见》将优秀传统文化的主要内容概括为核心思想理念、中华传统美德、中华人文精神三个方面。优秀传统

[①] 鲁迅. 鲁迅书信集[M]. 北京:人民文学出版社,1976.
[②] 曹启富,向天华. 中国传统文化教程[M]. 成都:西南财经大学出版社,2014.

文化中关于对外交往的相关内容，在古代多指中原与边区之间，直到后来才逐渐发展成为处理国家间关系的思想，且今日所谈及的国际关系和全球化进程都比传统文化中所涉及的对外交往要宽泛和复杂得多。但这样也并不妨碍我们从博大精深的传统文化中汲取有益的思想资源，并结合时代发展要求予以创新，在实现对优秀传统文化传承发展的同时，以期对国家和世界未来发展做出独特贡献。

（二）优秀传统文化概念界定

优秀传统文化概念应时代所需，自然生成于社会民众的深切期盼之下。欲明晰优秀传统文化概念的基本内涵，则必须将之放置在比较的视野下，与传统文化、文化传统等相近概念作系统剖析。优秀传统文化、传统文化、文化传统三者在内涵方面存在内在统一性，在外延方面则存在一定差异，具备自身特殊性。

首先，将传统文化与文化传统作对比性分析。具体阐释，传统文化是指鸦片战争以前的中国文化，它是在长期历史发展过程中形成的，保留了中华民族稳定的文化模式、思想观念、思维方式、道德情操、生活方式、制度礼仪、风俗习惯、宗教信仰、文学艺术等丰富内容。传统文化的内涵，相比于文化传统是无限广阔的，既涵盖文化传统之所有，又包括了文化传统未涵盖的其他事物。文化传统中"传统"是指"历经延传而持久存在或一再出现的东西"，更倾向于传统文化中最核心、最具价值、最具生命力的存在，代表着传统文化中可以长存于世并被后人广为接受和肯定的文化经典。传统文化的外延远超文化传统，但是文化传统的生命力却生生不息。在一定程度上，可将二者视为一静一动，一死一生。就如汤一介先生所指出的，文化传统是活在当下社会的传统文化，具有可作用于现实的时代性价值，而传统文化则代表着已经过去的历史遗存，是一种静态的文化。庞朴先生的相关研究与汤一介先生如出一辙，认为"传统文化是过去的已经完成的那些东西"，是处于死亡状态下的文化遗存，"文化传统则是——那个活的东西"，在历史流变中发挥着自身价值。总之，文化传统相较于传统文化更具生命力和影响力，也"并非所谓逝去历史的不再变化的文化遗存，而是在本体与变体的相互作用中的不断生长的生命体"。

其次，将优秀传统文化、传统文化、文化传统放于同一视野下，作详细辨析。优秀传统文化是指"中华民族长期发展过程中形成的、有着积极的历史作用、至今具有重要价值的思想文化"。文化传统是被后人广为接受和肯定的文化经典。二者所包含的最具生命力的部分，都可在传统文化中进行溯源，找到其出处。因此，优秀传统文化与文化传统包含在传统文化的广泛范围内。但是相比于二者，传统文化又略显驳杂，既有历史发展过程中所创造的各种无益当下的历史遗留，又有着可以推动历史发展、社会进步的历史遗珍。作为同处于传统文化下最具生命力的文化遗珍，优秀传统文化与文化传统有着惊人的相似性。二者在历史的发展进程中，都在以相似的方式助力着处于不同历史节点上的社会的发展；二者在自身内涵方面亦是共同点远远多于分歧，甚至可以说除了表述上的差异，其余的各个组成部分都绝对契合。因此，文化传统概念在一定意义上等同优秀传统文化概念，都指向传统文化中最精华、最深沉的部分。

最后，将优秀传统文化放于中华传统文化的历史语境下，结合文化传统在传统文化中所处的位置，可以得出，优秀传统文化是指中华传统文化中最精华的部分，包括中华民族在连续性的劳动实践中所创造的抽象化和经验化的，一切有益于时代发展的物质的、制度的、精神的产物的总和。具体表述，则是指以儒释道三家为主流，在理论层面助力马克思主义中国化的优秀传统文化，在价值层面促进社会全方位价值建构的优秀传统文化，在实践层面提高国家治国理政效能的优秀传统文化。比如，"返者道之动"的朴素辩证法，"天下为公"的社会理想，"自强不息、厚德载物"的民族精神，"贵和尚中"的和谐观念，"以民为本""政者正也"的为政主张，等等。

第二节　优秀传统文化的璀璨内容

作为中华文化最主要的组成部分，优秀传统文化是中华民族所特有的精神标志，是中华民族文化自信的重要源泉。从理论价值的维度来看，中华优秀传统文化层次丰富，内涵宽广。在以儒家思想为尊的历史传统中，"讲仁爱、重民本、守诚信、崇正义、尚和合、求大同"的思想观念一直延续到今天且经久不衰，同时，这种思想观念也是对中华民族优秀传统文化进行的高度概括。

一、讲仁爱

讲仁爱是中华优秀传统文化一以贯之的主题，仁爱思想是中华优秀传统文化中的重要内容。仁爱思想成为中华优秀传统文化的核心理念和精神气质，也成为涵养社会主义核心价值观的源泉之一。讲仁爱，作为中华民族在长期发展中培育和形成的独特思想理念，不论过去还是现在，都具有永不褪色的价值。《说文解字》中解释"仁，亲也。从人，从二"。"仁"体现的是人与人之间的具体、有机关系。"仁"的文化价值是在礼乐文明深厚累积的基础上揭示出来的。中华文明传统将周公与孔子并称，因为其历史贡献都关联礼乐文明。周公制礼作乐，集夏商周三代礼乐文明之大成；孔子将礼乐制度背后的精神即文化价值鲜明地揭示出来，这就是"仁"。内在的"仁"与外在的"礼"具有内外相交的关系。中华文明对于"人""仁"的理解是放在人与人之间的关系中的。孔子弟子樊迟问"仁"，孔子回答说"爱人"。"仁者爱人"就是由近及远不断往外推扩，"仁"首先体现在对家人的爱上，包括对父母的爱与孝敬、对子女的慈爱、对同胞兄弟姐妹的爱。对家人的爱是起点，但不能只停留于对家人的爱，要由近及远不断往外推扩，正如孟子所说"老吾老以及人之老，幼吾幼以及人之幼"。由此，再不断推扩为对国家的爱，这就是"忠"。把对父母的"孝"与对国家的"忠"结合起来就是忠孝。这一由近及远的过程体现了中华文明"极高明而道中庸"的智慧。内在的"仁"离不开外在"礼"的制度安排。"克己复礼为仁。一日克己复礼，天下归仁焉。""礼"体现于政治，称为礼治；"礼"体现于社会、教化，称为礼教。政治与教化合而为一，礼治与礼教实为"礼"的一体两面。礼治也是孟子所说的仁政，仁政强调以民为本，一方面"制民之产"是实施仁政的基础，同时"善教得民心"，仁政思想一以贯之于中华文明传统。

"仁"贯通天、地、人，统贯性地处理人与人、人与社会、人与自然等各种关系。五经之首《周易》①首卦乾卦代表天，"天地之大德曰生"，天之德可以概括为"生"。乾卦卦辞为"元亨利贞"，代表乾的四种德性，也就是生的动态持续发展过程，乾元之德在天道为"生"，在人道则为"仁"。"元亨利贞"象征人道、人事，有初始的仁之善，才有事业的亨通广大，事业的大发展才会产生大的利益。"利者，义之和也"，照顾到所有人、人人皆得其宜的利益才是真正长久永固的利益。"元亨利贞"四德合在一起是"可大可久之道"，既能因其"仁"而大发展，又能因其着眼于所有人，人人皆得其宜的利益而能长久永固发展。从中华文明史来看，正是因为讲仁爱，才有中华文明"可大可久之道"的不断发展，并保持了文明未断裂的连续性，这使得中华文明成为世界文明史上唯一连续未断裂的文明。

  仁爱的文明原理使得中国无论国力强大或弱小，始终尊重基于各自不同特性基础上的独立自主发展，即"乾道变化，各正性命"，具有如同天地一样的巨大包容性。"君子以厚德载物""君子以同而异"，都表明中华文明重视相辅相成、相互之间的融合发展，这就是为什么中国历史上多次发生民族大融合，而没有引起过一次文明的冲突，更没有发生过宗教战争。中华文明强调王道以德服人，仁者以大事小。中华人民共和国成立以来，党中央强调，"社会主义的原则，马列主义的原则，是不允许侵略的""一百年，一万年，我们也不会侵略别人""中华民族的血液中没有侵略他人、称王称霸的基因，中国人民不仅希望自己发展得好，也希望各国人民都能拥有幸福安宁的生活"。这清晰阐释了中国的发展道路、对外交往原则与仁爱思想是高度契合的。正如《中庸》所说："万物并育而不相害，道并行而不相悖。小德川流，大德敦化，此天地之所以为大也。"

  除此之外，仁爱思想还深刻影响着中国对当今世界国家间关系的理解。"克己复礼为仁"，"仁"体现于"修身齐家治国平天下"的全过程，治国就是处理国家利益，平天下就是处理人类共同利益，"明明德于天下"与构建人类命运共同体的理念契合。中华文明的文化价值以一字概括为"仁"，以二字概括则为"仁义"，"仁"与"义"之间构成张力关系。"利者，义之和也"，面对主权国家与全人类利益之间的矛盾，首先要讲主权国家利益，不讲主权国家利益就是空想的政治浪漫主义，不能持久。"利者，义之和也"，意味着不能只顾本国利益而追求零

---

① 张振祥.周易[M].北京：民主与建设出版社，2020.

和博弈的利益最大化，要合理照顾到各方利益，使各方皆得其宜而成为利益共同体。全人类利益不是抽象的，各方皆得其宜的整体利益、长远利益有机地合在一起才是真正的全人类利益。

二、重民本

重民本是中华优秀传统文化的核心理念之一。这一思想在夏商周时期基本成型，并为后世进一步发展和运用。民本思想作为一条精神主线，贯穿于中华优秀传统文化的全部内容。

（一）民本的出处及内涵

"民本"源于"民惟邦本，本固邦宁"。此句意指人民群众才是国家的根基，只有这一根基稳固了，国家层面的团结安宁才能实现。《尚书·洪范》[①]中还有"天阴骘下民"的说法，就是上天默默地爱护着、养育着人民。由此可见，这体现了重民安民的民本思想，同时也成为中华优秀传统文化民本思想的渊源，构成了古代社会开展德治仁政的思想基石。

民本，就是以民为本，其核心就是以人民为国家社会之根本。因此，只有将人民群众看作立国之本、治国之基，社会才能稳定和谐，国家才能繁荣强盛。以民为本和以人为本在本质上是一致的，自中华文明发源伊始，周代就将人看作"万物之灵"，到孔子主张"问人不问马"，到孟子主张"亲亲而仁民"，再到荀子强调"立君为民"之说，再至宋代张载"民胞物与"的思想，可见，古圣先贤都非常注重人的价值，尊重人的尊严，关怀人的存在。"以民为本"强调了在人类历史发展进程中人民群众的主体地位，彰显了人是改造自然、推动社会、提升自我的决定性的力量。民本的思想内核在于爱民。爱民乃是源于天道运行之规律。"天生民而立之君，使司牧之，勿使失性……天之爱民甚矣。"[②]此中"勿使失性"，意指社会治理者应该尊崇效法"天之爱民"，在管理国家时应葆有爱民之善，绝不可以凌驾肆虐于民众之上，致使民众丧失其天地之性。这也赓续了西周以来"天阴骘下民"的爱民安民之民本思想的文脉。孟子将主体所具有的"不忍人之心"

[①] 孔子. 尚书 [M]. 长春：吉林文史出版社，2017.
[②] 左丘明. 左传 [M]. 中华文化讲堂，注译. 北京：团结出版社，2017.

作为思想基点，认为每个个体先天就固有同情之心，亦即"恻隐之心"。荀子在《君道》篇中云："君人者，爱民而安。"① 这些都体现了民本思想的爱民内核。

（二）民本思想在中华优秀传统文化中的体现

中华优秀传统文化中的"爱民、顺民、富民、教民、惜民"思想都是以民为本、人本精神的体现。惠民利民、安民富民是中华文明鲜明的价值导向。回到传统文化始源语境之中，无论是强调惠民利民，或是主张安民富民，归根结底是要做到爱民。那就是所有的施政者都要"以人民为中心"，尊重群众的主体性和创造性，及时有效地帮助群众纾难解困，方能称之为德政德治、良政善政。"德惟善政，政在养民。"治国理政的根本目的就是要实现社会发展成果要惠及群众、有益百姓，让人民安居乐业，过上美好生活。这一理念诉求的根本保证就在于尊重和保护人的主体性。主体性是中华优秀传统文化儒家民本思想的基础。在人本精神实践的展开过程中，儒家始终主张对主体生命的高度尊重。在《论语·乡党》②中讲述了一个故事，孔子得知家中马圈失火，首先关怀的是火情有没有伤害到人，而非第一时间想到财物有没有损失。这一故事也充分地诠释了儒家学说从根源上重视主体生命价值的人本情怀和人文关怀。这既是对人的生命本身的尊重，也是对人的主体地位的确认。基于此，学界有些学者也将儒家学说称为"人学"。因为在儒家学说的视域中，"人"是始终被关注并给予充分尊重的中心议题，更是整个学说的核心主体。人不仅是日常生活中现实的、感性具体的人，还是通过不懈地修身能够在思想境界中不断实现自我超越的人。无论是孔子提出"君子谋道不谋食"，或是荀子谈及"涂之人可以为禹"，这些思想与《大学》篇中言及的人人"皆以修身为本"，可谓是一以贯之、一脉相承。主体只有不断地提升自我内在修养，才能实现自我的不断超越，"下学而上达"，对人生大道进行领悟，才能通达于圣人的澄明之境，从而明晰自我存在和生命圆融的要义。

重民本是中华优秀传统文化中群众史观的重要体现。在中华优秀传统文化的儒家思想中，民本思想是通过"德治仁政"的社会治理方式来阐发的。儒家之所

---

① 荀子. 荀子 [M]. 曹芳，编译. 沈阳：万卷出版公司，2020.
② 孔丘. 论语 [M]. 吴兆基，注译. 成都：天地出版社，2020.

以推崇"德治仁政"的治理主张，本源还是在于民本的价值理念。以先圣孔子为代表的儒家提出了一系列以民为本的仁政思想，认为统治者只有实行德政、仁政，社会才能臻于和谐安宁。《论语》中的"为政以德"和"道之以德"，就是强调社会治理者对待民众要用德性感化和礼节范导。孔子的弟子有若在与鲁哀公的对话中也强调，在有自然灾害的年景中，社会治理者更应该体会到百姓的疾苦，应该做到与百姓同患难、共命运。只有百姓安居乐业、安康富足、安心生活，一个国家才能走上真正安定富强、文明和谐的康庄大道。不仅如此，施政者还要以身作则，成为有仁爱的君子、守正直的士人、讲礼仪的谊主、有德性的圣贤。《荀子》一书的《君道》篇谈道，君王就像度量时间的标尺，"仪正而景正"。社会治理者要想社会安定，自身要修炼成为有德性的正人、贤人。

"重民本"关键在于"得民心"。"得民心"的前提和根本就是要始终做到以人为本、以人民为中心和全心全意为人民服务。"政之所兴在顺民心，政之所废在逆民心。"[①]顺民心者，方能保全天下。人民就是天下，天下就是人民，也即《大学》所言"得众则得国"。孔子认为，有抱负的君子、士人要想走向仕途、参与社会治理就要先从"格致诚正"开始，坚持以修德为本，只有"修身修己"方能做到"安人""安百姓"。孟子也曾劝诫君主和统治者在社会治理中对待人民群众不可置若罔闻、漠不关心。反之，就会犹如桀纣暴虐恣肆以致自取灭亡。只有做到以民为本，才能赢得百姓拥戴之心。民心不安，则社稷不稳；民心不定，则国家不宁。惠民利民、安民富民，都是要求社会治理者要体察民情、知晓民意、顺应民心。"德莫高于爱民，行莫厚于乐民。"[②]可见，在中华优秀传统文化的思想理念中，社会治理的关键就在于"知民情""顺民意""聚民心"，施政者的合法性基础之一就是要赢得人民群众的广泛支持和深厚信任。

三、守诚信

关于诚信的思想，在我国早期的优秀传统文化中并没有形成系统的思想观念，其受宗教与统治阶级的影响，表现出一定的功利性。随着历史的推移、文化的沉

---

① 管仲.管子[M].长春：时代文艺出版社，2008.
② 晏婴.晏子春秋[M].哈尔滨：北方文艺出版社，2018.

淀，诸子百家使得诚信成为系统的理论观念。接下来以儒家、法家的诚信为例进行展开说明。

儒家思想在我国的历史中源远流长，具有深远的影响。儒学以伦理道德为思想核心，而诚信正是伦理道德中至关重要的一环。儒学创始人孔子对于诚信就极为重视，其有"民无信不立"的论断。翻阅《论语》我们可以发现，其中关于"信"的阐释不胜枚举，从人之本性到为人立于世上的行为准则，再到政治与国家的治理，其中皆有涉猎。以孔子所说的君王之道与君子之道为例，其认为君王之道应"多信而寡貌。其礼可守，其信可复，其迹可履。其于信也，如四时春秋冬夏"①。对于君子，孔子认为君子应该做到"言之，必，可行也。君子于其言，无所苟而已矣"②。也就是说，君子对他人的承诺不能只贪图口舌之快，而应充分考虑到承诺的可行性与实践性，不论外界因素和个体因素有何改变，君子都应信守承诺。

到孟子的阶段，其提出"父子有亲，君臣有义，夫妇有别，长幼有序，朋友有信"③，从而把诚信提升到人伦的层次上。除此之外，孟子还进一步强调了诚信的政治功能。他认为，一个拥有坚不可摧的力量的国家，一定是一个下至广大民众、上至一国之君都讲"孝悌尊忠信"的国家。反过来，如果一个国家连最基本的社会诚信都缺失，那么就更不用去谈这个国家的发展了。当整个国家处于猜忌和怀疑之中时，这样的国家必将分崩离析。

法家提出了"不别亲疏，不殊贵贱，一断于法"的思想，并借此成了战国时期的重要思想流派之一。其在诚信方面同样有着突出的贡献。韩非子认为人的本性是具有趋利性的，社会关系的维系都是依靠利益。因此，韩非子提出，人不可信，唯一值得信任和倚重的是具有普适性的"法"。对于统治阶级而言，设定相应的律法可以使为官之人不敢去逾越，也可以对人民的思想与行为进行统一规范。因此，在他看来，君主想要治理国家首先要以律法为基础，塑造法律的威严，使全国上下对法律抱有信仰和敬畏的态度。韩非子所讲的"信"，乃是对法律的信仰、信任和敬畏。在他看来，诚信是一种统治工具。统治阶级取信于民，是为了进一

---

① 孔丘.论语[M].吴兆基，注译.成都：天地出版社，2020.
② 同上。
③ 孟子.孟子[M].哈尔滨：北方文艺出版社，2019.

步维护并稳固统治。由此可以看出，法家对于诚信这一概念的解读，是以人性好利、以法约束为基础的，认为遵从法律就是诚信的表现。其重新定义了诚信的意义和价值，进一步确定了诚信与治国密不可分的联系。

虽然纵观诸子百家关于诚信的说法各异，但在肯定诚信的作用方面却是基本一致的，它们都认为诚信是人类社会交往中不可或缺的纽带，因此，诚信不论是在中国传统社会还是在现代社会中，都有着崇高的理论价值。

四、崇正义

崇正义是中华优秀传统文化的一种理念追求和价值诉求。这一观念产生于先贤圣人"观乎人文"以构筑起"社会正路"和"直道而行"的公正秩序与道义共识。

（一）正义的出处以及内涵

正义思想源于中华优秀传统文化对"义"的重视和崇尚。"义"是儒家倡导的"五常"之一，也是"礼义廉耻"四维之一。义，是繁体字"義"的简化。其上部分为"羊"，代表祭祀仪典上的牺牲品；下部分是"戈"字的正反组合，指示为"兵器"，代表用在祭祀仪典上的礼器。上下两部分组合在一起为"義"，表示在祭祀过程中用器物将羊进行适宜的均等分割，引申为在祭祀等正式场合中恰当合宜的行为和庄严合礼的仪式。义，就是强调对事物、利益进行正当适宜的分配。"义者，宜也，尊贤为大。"[1]（《礼记·中庸》）"利物足以和义。"[2]（《周易·乾·文言》）可见，"义"之本义乃是合乎时宜、符合事宜，让主体内心感受到恰当合适、恰到好处。此谓之"合宜"之"义"，体现了"义"的主观性。

再者，"义"还内在地含有"正"的意思。"义者，正也。"[3]（《墨子·天志下》）孟子将"义"解释为"人之正路"。这里的"正路"，乃是"正道"，是一种价值公正的标准，其相反之意乃是歪门邪道。那么，"义"就是循照大道而行，后引申为履行正道、至行至善，遵循着人间正道而行事，具有客观天理、公认真理的内涵，更强调外在的客观性、公众性、群体性。此谓之"正路"之"义"，体现

---

[1] 戴圣. 礼记[M]. 张博, 编译. 沈阳：万卷出版公司，2019.
[2] 张振祥. 周易[M]. 北京：民主与建设出版社，2020.
[3] 墨翟. 墨子[M]. 曹海英, 译注. 哈尔滨：北方文艺出版社，2018.

了"义"的客观性之维。

在传统文化典籍中,"正义"联合成为一词较早出现在《荀子·正名》篇中,"正义而为谓之行"。在这里,"正义"构成了动宾结构的词组,即"正"其"义",这里的"正"是动词,意思就是使"义"保持在公正的状态。比如,荀子还说"行义以正"①(《荀子·赋篇》)。随着文字的发展和使用习惯的改变,"正义"的动宾结构词组,逐渐地合成了偏正结构的词语,这样"正"就变成了形容词。比如,两汉时期王逸《九思·遭厄》有云:"指正义兮为曲,讪玉璧兮为石。"②这种偏正结构的"正义"一词,意即不偏不倚、公道无私,符合社会大众利益,这是社会发展趋势的行事矩法和道德规范。

(二)正义思想在传统文化中的体现

"义"是君子人格的组成部分。在儒家看来,君子应当把"义"作为个人品格的必备特质,"义以为质",始终不懈地追求"义",并且将"义"融于个人日常言语和行为之中。孟子提出的"四端"说,指出"义"端在于"羞恶之心",即一个人一旦心中生发羞恶之感,便是爱荣恶耻、明道守义的开端。孟子还把"义"看作人异于禽兽的标准之一,认为"义"应当是人之所以为人的内在根据,具有先天性、内在性和根本性的特征。"义"也成为衡量主体是否具有君子人格的重要标准。《论语》有云:"君子喻于义。"因此,"义"是君子的内在品质,是人格的重要构成。无义,非以为君子。在这里,"义"就成为内化于主体人格结构中的自律机制。"义"是个体行为的基本遵循。孟子把"义"比作"人路"。也就是说,"义"是社会道德行为的尺度和规范,对个体行为有着范导和规制的作用。它体现着人间正义和社会良知,是人所应当遵循的行为准则和价值准绳,是每一个主体在社会中开展实践活动都应当奉行的价值圭臬。"义"不仅仅是主体实践活动依循的"人路"和"正道",而且是安身处世的"居所"和"支撑"。"不祈土地,立义以为土地。"③(《礼记·儒行》)"禁民为非曰义。"④(《周易·系辞传

---

① 荀子. 荀子 [M]. 曹芳, 编译. 沈阳: 万卷出版公司, 2020.
② 王逸. 楚辞章句 [M]. 黄灵庚, 点校. 上海: 上海古籍出版社, 2017.
③ 戴圣. 礼记 [M]. 张博, 编译. 沈阳: 万卷出版公司, 2019.
④ 张振祥. 周易 [M]. 北京: 民主与建设出版社, 2020.

下》)这句话意思就是,"义"是用来规范人们行为的标准,禁止一切不合宜、不正当行为发生。在这里,"义"就成为外在于主体并宰制着人们举止行为的法律规范。"义"是社会层面的道德观念和价值衡器。荀子所言的"公义胜私欲"之"公义",就是社会公德,社会共同遵守的价值规范,已外在于社会个体并镶嵌于社会结构之中的价值伦理系统。它对人们的道德观念和价值判断具有规制与导向作用。"义以正之。"(《礼记·乐记》)就道德观念和价值标准来说,"义"维护并调节着社会的整体利益,一直涵养着社会良知,规范着社会行为,校正着社会导向。孔子认为君子应该做到"九思",其中之一就是"见得思义"[①](《论语·季氏》)。此外,《论语》中还提到"见利思义"(《论语·宪问》)。社会个体的财富获得、地位占有都应当符合社会正义、社会公义,个体应该主动以自我反思的方式将"得""利""义"进行衡校,符合社会公义的所得自然也就心安理得,违背公义、正义所获之利都为社会所不耻。"不义而富且贵,于我如浮云。"(《论语·述而》)由此可见,在中华优秀传统文化中,"义"是一种有着广泛认同的价值取向,是中国传统社会良性运行的价值坐标,是对社会产生正向推动功能的整合性的道德观念。

"义"还是社会主体的责任担当。《论语·微子》中谈道,君子在进行社会治理的过程中,"行其义也",即所有的行为和行动应符合社会道义,而不能背信弃义。君子治理社会不能从一己之私出发,而是要从社会责任、公众利益、家国天下的大格局来实施政治主张。在这里,"义"就成为主体将"个体小我"融入"集体大我"以实现自身价值和生命意义的价值导向。"君子之于天下也,无适也,无莫也,义之与比。"(《论语·里仁》)孔子将"义"比之于"天",面对历史的重担、社会的重任、国家的重托,君子要舍小家为大家,忘小我为大我。"苟利国家,不求富贵。"这体现了一种面向整个社会的积极的人生价值观,充分彰显主体在"行义"中对民族、社会和国家的大局意识与担当意识。可见,作为儒家的核心价值理念和道德观念,"义"不仅仅是对社会行为乃至社会整体秩序的规度,更凸显了中华优秀传统文化内蕴着更为厚重的社会责任和更为宏大的使命意识。

[①] 孔丘. 论语[M]. 吴兆基,注译. 成都:天地出版社,2020.

五、尚和合

"和合"是中华优秀传统文化的一个重要范畴,源于其中的"和"文化,彰显了中华民族对中和、和睦、和平、和谐的热爱与追求。5000多年的中华文明始终崇尚和平。和平、和睦、和谐的追求深深植根于中华民族的精神世界之中,融入中国人民的血脉。和合思想是贯穿于中华优秀传统文化的一条主线,深深地影响着中华民族的集体意识和中华儿女的精神世界。

(一)"和合"的出处及其内涵

"和"字的右边部分为"口",指人的嘴巴,为言说之意;左边部分为"禾",意为古人吹奏的多管乐器。《广韵》载:"和,声相应。""和"最初与音乐密切关联,它表示节奏的"和谐"或乐章的"和谐"。"和,相膺也",此中"膺"乃"应"。"和"是不同事物之间的相应之意。后来,"和"就被引申为不同人的不同言论或者不同类的事物之意,相互呼应、相互补充,彼此调和,形成一种主旨一致、彼此协调的状态。此外,"和"还强调各归其位、各适其度。人有喜怒哀乐,如果在现实中这些生命情感表达得恰如其分,即是"中节谓之和"。"和"侧重的是彼此互促,强调事物之间的异质性,也就是诸异而致同。由此可见,"和"乃是不同事物中相互补济、互相制衡的状态。"合",甲骨文的本义为器具与盖子组合的状态,为相合、闭合,后被引申为"与某样东西相一致、相匹配,彼此相称"。"合"侧重的是相同、相称,强调事物之间的一致性。由此可见,"合"乃是同类事物因共通因素围合、聚合的状态。

"和合"一词始见于此句:"商契能和合五教。"[1] 这里的"和合五教"是综合运用"五教"的意思,也就是说,商契能综合运用五种教化方式,帮助百姓做到内心安宁、人际和谐。春秋初期,著名政治家、思想家管仲围绕养兵练兵也提出了"和合"之说,"和合故能习"。这里的"和合"是和睦团结为一个整体的意思。墨子也曾用"和合"一词,父子之间有怨恨则"不能相和合"。荀子也曾提出人与人之间"欢欣和合"。这两处的"和合"意指人与人之间心灵上的契合相通。

---

[1] 左丘明. 国语[M]. 北京:商务印书馆,2018.

《史记·魏世家》有云:"上下和合,未可图也。"[①] 此处"和合"则是指社会。上下阶层和睦同心、和谐一致成为一个整体。佛家思想里也有"和合"之说,即"因缘和合"。《大乘百法明门论疏》中云,"众缘聚会,名为和合"[②],强调所有事物的存在变化都与其他事物充满着千丝万缕的联系,是由内因和诸多外因组合在一起被呈现出来的,指内因和外因组合在一起的适宜状态,也就是"互不相违,无净无讼,亦不乖离"的状态。由此可见,"和合"的意涵非常丰富,但核心之意乃是不同事物处于动态的均衡和谐状态。

(二)和合思想在中华优秀传统文化中的体现

"尚和合"是中华优秀传统文化的重要思想理念之一,和合思想根源于中华文明的"和"文化。"和"的意涵极其丰富且深刻,是中华民族先贤在改造世界实践中孕育出的对待世间万事万物的大智慧。"和合思想"贯穿于中华优秀传统文化嬗变的历史进程之中,体现在不同时期不同思想流派的著述学说之中,是独具中华民族特色的文化概念和思想观念。

和合思想是中华优秀传统文化"天人合一"观念的体现。这是我们中华民族先贤在看待和处理人与自然关系的实践基础上形成的自然观。这一观念就是把人和自然看成一个有机联系的生命共同体,揭示了人与自然之间紧密关联、天与人之间内在统一的关系,并强调人是大自然的组成部分,自然是人生产生活的前提条件,人不能脱离自然而孤立存在。《周易·系辞上》篇云:"与天地合其德。"[③] 人应该效法自然之道,顺应自然之理,还应有敬畏自然之心,在改造自然获得物质生产资料的过程中不可以违背自然规律。

和合思想的根本要义是和谐。和合思想在源远流长的中华优秀传统文化中占据核心的位置。《尚书》中说:"百姓昭明,协和万邦。"[④] 这就是主张人与人之间和顺互动,国家与国家之间和谐交往。先秦时期,诸子百家经常使用"和"的概念

---

① 司马迁.史记[M].秦新民,主编.成都:天地出版社,2020.
② 马德.大乘百法明门论疏(卷下)敦煌草书写本识粹[M].北京:社会科学文献出版社,2019.
③ 张振祥.周易[M].北京:民主与建设出版社,2020.
④ 孔子.尚书[M].长春:吉林文史出版社,2017.

来论述各家的文化思想及学说观念，如老子的"知和曰常"，孔子的"和为贵"，《周易》中的"保合太和"等。《中庸》已把"和"提升到形上之道的自然观、宇宙观的高度，"和也者，天下之达道也"。庄子曾说，"与人和者，谓之人乐；与天和者，谓之天乐"①。这些"和"的本质要义还是在于"和谐"。"和谐"两个字最早产生关联，始见于《左传》，"如乐之和，无所不谐"。可见，和合思想的本质乃是和谐。

和合是不同事物之间的动态平衡。"和合"不是一成不变的铁板一块，而是不同事物组合在一起，彼此制衡所达到的新平衡。从马克思主义哲学观来看，"和合"是指矛盾事物的两个方面在一定条件下表现出具象的、相融的、辩证的统一，是事物之间相助而成、相互协调、彼此合作、共同促进的相对稳定状态，也是矛盾的斗争性和同一性特点的体现。《晏子春秋》一书记载了齐景公与晏婴之间谈论君臣关系是否为"和"的故事，并将"和"比作用不同调料来制作出美味羹汤。晏婴提出"和"与"同"相异的思想。可见，"和"是矛盾运动的一种存在方式，是在事物多样性和差异性并存情况下，不同事物相互依存、相辅相成、协同运行的均衡状态。

和合思想的旨归在于育成万物。万事万物都能顺其自然地成长发展。早在西周末年，周幽王的史伯就提出"和实生物"，《中庸》中的"致中和"，荀子提出"万物各得其和以生"，这些论述都强调了事物之间处于"和"的状态，方能化生出五彩缤纷的鲜活世界，万物化生育成、事物变化发展以及天下有效治理都是"和""合"的作用。否则，万事万物无法生成，世界终将归于寂灭。

（三）和合思想涵养社会主义核心价值观中的"和谐"

在人类社会发展历史上，和谐是人们对未来理想社会的崇高愿景，也是人们对现实生活的价值诉求。然而，在科学社会主义理论出现之前，由于其他社会形态制度的内在局限性，和谐社会的状态无法得以实现。马克思主义唯物史观认为，社会和谐与人的自由全面发展只有在共产主义社会才能得到真正实现。

马克思在描绘共产主义社会时说道："这种共产主义，是人和自然界之间、人

---

① 庄子.庄子[M].夏国强，注译.武汉：长江文艺出版社，2020.

和人之间的矛盾的真正解决，是存在和本质、对象化和自我确证、自由和必然、个体和类之间的斗争的真正解决。"[①]改革开放以来，中国共产党在中国特色社会主义实践中，实现了全面建成小康社会的目标，为构建和谐社会、实现共同富裕打下了坚实基础。中华文化崇尚和谐，中华民族一直追求和传承着和平、和睦、和谐的坚定理念。"和谐"理念也已成为我们党建设中国特色社会主义伟大事业过程中非常鲜明的价值取向。

六、求大同

自古以来，中国先贤就有向往"天下大同""自由生活"的美好愿望。天下太平、共享大同是中华民族绵延数千年的理想。中国共产党在国内建设和谐社会的基础上，胸怀"为世界谋大同"的全球治理抱负。

（一）"大同"的由来及其内涵

"大同"一词最早源于《礼记·礼运》，其中对未来社会的理想化描绘和追求，构建了一个影响至今的"大同"观念，成为中国传统社会一直追求的美好生活状态。在这个"大同社会"中，整个社会遵守天道、秉持公道、守护正义；人们共同努力生产和创造社会财富，也共同分享所创造的一切财富；社会贤能人士各得其位，各尽其能，人与人之间遵守诚信，邻里之间以礼相待、和睦互助；每个人都不是自私地对待自己的亲人，而是充满仁爱之心；无论老、幼、矜、寡、孤、独、废疾者，都能得到社会应有的关爱和合理的照顾；有劳动能力的人皆能展示自己的才华、体现自己的价值；男女适龄就可以婚配；财物不会被随意浪费，也不会被人据为己有；人们都愿意为大家的事情尽心尽力，没有为个体谋取狭隘的、局部的、自私的利益。因此，邪僻的想法不会在心中产生，偷抢、违乱和无礼的事情自然消失，各家庭院门户都不必上锁，这就是"大同"。"大同"的理想状态，内在地综合了"仁、义、礼、智、信"五个德目，体现了人们对和善、闲适、共创、平等、自由的向往。可见，"大同"社会就是一个充满诚信友善、公正自由、安居乐业、安宁有序的和谐社会，是中华优秀传统文化儒家思想所追求的最高理

---

① 马克思恩格斯文集[M].成都：四川民族出版社，2020.

想社会，也是社会发展的最高阶段。

在中国传统文化的语境之中，"大同"思想境界源于主体自我心灵的内在超越和对未来美好生活的希冀。在这里，每个人都是内心纯真、德性完美、品格完善的圣贤之人；每个人都充满爱心，都有高度的责任心。每个人内心深处都没有"多得""为己""贪利"的妄念，才能达到货尽其用、人尽其力的境界，真正实现"己欲立而立人，己欲达而达人"。这主要是就人们思想观念而言的，毕竟传统社会倡导的"大同"是缺乏物质基础和制度基础的；传统文化中追求的大同社会，是生产力不发达的历史条件下在精神层面上构建的理想社会，难免带有浓厚的乌托邦色彩。只有社会生产力发展到一定高度，人们的修养到达相当高的境界，社会制度得到不断完善，大同社会的理想才有实现之可能。

在中华优秀传统文化视域中，儒家的"从心所欲"，道家的"逍遥"，佛家的"自在"，都是一种心灵世界超越现实的"自由"，本质是个体内在心性修养和德性修为的结果。在人们的生活实践中，对自我的认识越全面越深刻，主体自我的自由度也就越大。这种修为和修养，最终要达到"人道"和"天道"的内在完美结合，既有对外在自然的客观规律的认知，也有对内在主体的自觉能力的提升。我们只有在承认客观规律必然性和认识规律性的基础上，才能科学地指导实践，预见实践行动在未来可能产生的结果，才能为自己确定的社会目标和理想追求设计最佳的实践方案和制度体系，实现真正的个体自由与社会自由。

（二）大同思想对社会主义核心价值观中"自由"的涵养

人类一旦产生了自我意识，自由生活的向往也就随之而来。自古以来，中华民族就有对自由的理想社会的冀求。社会"大同"就是这种价值诉求的思想建构。中华优秀传统文化中的大同思想来源于古之圣贤在改造和推动社会发展实践中对未来美好社会的构想，更是对人现实存在的人文关爱和终极关怀。

大同社会的重要特征之一就是人们能够自由自在地生活，实现全面的发展。从《礼记·礼运》中对大同理想的憧憬，我们可以看到，大同社会既是和谐的社会，也是自由的社会，与马克思所追求的"自由王国"有异曲同工之妙。中华民族的先人早就在向往充实无忧的物质生活和充分升华的道德境界的社会理想。这种理想必将超越狭隘的地域局限，成为人类终极追求的目标。在这样的社会中，每个人的生存、生活、尊严和自由都能够得到充分的社会保障，一切私欲利己、违礼背德的行为也都将销声匿迹。可见，大同思想的重要内涵之一就是追求生活的自由，社会中的每个主体都能得到充分的发展，也能够找到自身存在的价值和归宿。大同社会中"自由"存在的前提就是社会倡导的"天下为公"理念。传统社会期待和向往的自由，绝不是没有约束的为所欲为，而是遵循"天道"的"从心所欲"，是在"天下为公"的社会中实现的自由。

第三节 优秀传统文化的基本特征

一、原生性

中华传统文化是世界几大原生文化之一，其原生文化的根基在于农耕文化。中华传统文化也是早熟的文化，中华农耕史有一万多年，因此，中华传统文化不是后生文化，更不是舶来文化。关于世界上最早的几大原生文化（或称文明生态），学术界历来有多种表述：或称为"三大文明"（东亚文明、近东文明、中南美文明），或称为"四大文明古国"（古中国、古印度、古埃及、古巴比伦），或称为"六大文化区"（中国、西亚、埃及、印度、墨西哥、秘鲁），或称为"七大母文化"（中国、埃及、苏美尔、米诺斯、玛雅、安第斯、哈拉巴）。德国著名历史学家斯宾格勒（Spengler）将其划分为"八个文明中心"（埃及、印度、中国、巴比伦、欧洲古典、伊斯兰、近代西方、墨西哥），英国历史学家汤因比（Toynbee）将其划分为"二十六个文明中心"。从以上文明分法来看，无论是哪一种划分方法，中国都是独立的、非常重要的原生文化单元。

中华农耕文化的本土起源决定了中华传统文化的原生性特征。农业史研究者普遍认为，世界上有三大农业起源中心，即东亚农业起源中心、地中海农业起源中心和中南美洲农业起源中心。人类在地球上出现已经有相当久远的历史，在中国这片大地上，早就有人类活动，山西芮城西侯度人距今180多万年、云南元谋人距今170万年，还有北京人、陕西蓝田人、湖北长阳人、山西丁村人等等。按照现有的考古学资料，中国农业的起源可以追溯到 1 万年以前。中国南方地区，江西万年仙人洞、吊桶环新石器稻作文化遗址距今约 1.6 万年，湖南道县玉蟾岩新石器稻作文化遗址距今约 1.2 万年，浙江浦江上山新石器稻作文化遗址距今约 1 万年；中国北方，北京门头沟东胡林新石器文化遗址、河北徐水南庄头新石器文化遗址、内蒙古赤峰小河西新石器文化遗址距今都有 1 万年左右的历史。也就是说，大约在 1 万年以前，中国先民在东亚这片土地上就已经开始从事农业生产，发明并使用了石质、木质、蚌质生产工具，种植"百谷"，驯养动物。中华农耕文化悠久的历史，拉长了中华优秀传统文化的历史时间线。中华农耕文化的本土起源决定了中华优秀传统文化的原生性。中华先民在古老的东方大地上早就播下了自己亲自培育出来的中华优秀传统文化的种子，并逐渐辐射到周边国家，积极影响着世界文化的发展。

二、开拓性

中华民族在几千年的历史活动中，敢于变革、勇于创新、生生不息，创造了彪炳史册的东方文明，丰富了国家制度和国家治理的思想内涵，包括"等贵贱，损有余，补不足"倡导的平等观念，"法不阿贵，绳不挠曲"彰显的正义追求等。这些思想具有自强不息的开拓性，是中华优秀传统文化的重要组成元素，是构成中华民族精神的独特基因。中华文明是世界上唯一没有中断的文明，其自强不息的开拓性成为世界文明史的一道独特景观。

《周易》载"天行健，君子以自强不息"，展示中华民族历经磨难而始终不败的文化精神。《周易》为传统变革开拓思想的基石。"苟日新，日日新，又日新"，论述生生日新的发展思想、物极必反的转化思想以及在变革中人能"赞天地之化育"的主观能动性思想等。传统变革创新思想主要表现为"苟日新，日日新"的变革动力机制；"与时消息"的变革时机选择，结合天时与人事，"与四时合其序""应乎天而时行"；"穷则变"的倒逼变革机制，所谓"穷则变，变则通，通则久"，事物通过变革获得发展。中华文化倡导自强不息、刚健有为的精神，既包含积极入世、主动进取的执着追求和担当道义，不屈不挠的社会责任，也包含着正直独立的人格和主动创造的精神。

三、包容性

优秀传统文化之所以可以超越过去、立足当下,与自身兼容并蓄的特性有着紧密的关系。优秀传统文化本身是超大型的有机系统,内在包含器具、技术、礼俗、制度、观念、思想等社会的方方面面。在社会的方方面面中既有着供市井民众丰富自身生活的俗文化,也有着有深度、有广度、有格调的雅文化。另外,优秀传统文化的包容性没有本土文化的局限性,对外来文化也是持相同的态度,一视同仁。

(一)主张和谐统一

中华优秀传统文化在价值追求上形成了独特的价值取向和智慧,即"和而不同""和实生物,同则不继""万物并育而不相害,道并行而不相悖"等思想观念。政治方面,追求民族统一的"大一统"观念,主张"协和万邦",强调亲仁善邻;对外方面,秉承"强不执弱""富不侮贫"的精神,主张吸纳百家之长、兼集八方精义,主张世界人民的团结统一。

作为我国古代传统文化的精华部分,充分体现出了"和而不同""兼容并蓄""兼相爱""和为贵"等重要思想,促进了历代文化的和谐统一发展。"和而不同"中的"和"强调事物发展的多样性,追求平衡但并不冲突。事物的不同即是事物发展的规律,是人们应遵循的处事原则。"兼容并蓄"思想是指在以我为主的基础上接受其他优秀的思想。

和平、发展、合作、共赢是时代发展的潮流。我国自古代就坚持"和合"的外交思想,中华民族从来没有欺负、奴役、压迫别人的基因,过去没有、现在没有、将来也不会有。

(二)包容差异

正是因为中华优秀传统文化和而不同的包容性,中华民族形成了坚持各民族一律平等,实现共同团结奋斗、共同繁荣发展的制度优势,将"天下为公"的大同社会理想、革命文化等进行创造性的改造和提升,将具有远大理想和共同理想的思想因子熔铸于和谐统一的新型国家制度和治理体系当中。中国始终秉承着和而不同、天下一家的思想理念,以"一带一路"深化国际合作,走和平发展道路,推动建设相互尊重、公平正义、合作共赢的新型国际关系，建设持久和平、普遍安全、共同繁荣、开放包容、清洁美丽的世界。

四、革新性

文化作为一种意识形态，其特性源于社会存在，又会反作用于社会存在。从先秦诸子百家到宋明理学再到现代社会的价值转化，在不同的历史阶段，主流文化所倡导的价值理念都是在社会基础上通过对优秀传统文化进行革新而形成的。革新性在一定角度上体现为一种变通性。比如，道家的辩证思想，认为变化是世间万物的自然法则，宇宙是一个变化的大系统，变通则是处世的策略。在中国近现代历史中，因循守旧必受其害，顺应时代潮流去改变与革新，才能获得出路。运用现代化方式革新优秀传统文化的传承，例如，在艺术领域，将东方水墨画与现代多媒体技术相结合，产生了舞台上美妙绝伦的《清明上河图》舞蹈，运用西医技术对中药提取的方法改良中药等，这些文化的革新影响着人们的生活方式和思维模式。

五、延续性

优秀传统文化从诞生到发展再到成熟，是具有内在延续性的。以中华文化的儒学为例，中华儒学最早形成于至圣先师孔子，后随着历史发展延伸出了许多变体。汉时董仲舒将"天人感应"的学说融入儒学，发展出了具有汉朝特点的大汉儒学。宋时二程、朱熹，借鉴佛、道之学，将传统儒学进行创造性的发展，形成了以"天理"为核心的宋明理学。明时王阳明则在前人有关儒学的广泛论述中开展了进一步的研习，开创了名扬后世的阳明心学。近代以来，梁漱溟、熊十力、冯友兰、方东美等资深学者，结合时局变化、借鉴外来之学，开创了"新儒家"。深析儒学的发展脉络，不难发现许多论述依然是建立在孔孟原始儒学之上的。这些应时代所需所做的一系列阐发，始终对原始儒学有一定遵循。儒学如此，其他中华优秀传统文化亦是如此，在历史的发展进程中形成许多变体。

中华优秀传统文化的延续性是指中华优秀传统文化的发展虽历尽周折和跌宕

起伏，但自宋朝确定其本质的规定性至今，仍保持着强大的再生能力，绵延不绝，从未中断。当然，这一延续性并不是指优秀传统文化的内容和形式亘古不变，而是与时代相结合，不断丰富更新优秀传统文化之内容，改进传承发展优秀传统文化之形式，故不同的时代和历史阶段，中华优秀传统文化的传承发展会呈现出鲜明的阶段性特点。这并没有影响到中华优秀传统文化的延续性，究其缘由，若从优秀传统文化自身而言，主要是由于每一个阶段的民族优秀传统文化在基本精神方面具有一以贯之性，而什么又是文化的基本精神呢？张岱年曾将其总结为"指导民族文化不断前进的基本思想"。任何文化经过历史的涤荡和岁月的洗礼都会产生自己独特的气质秉性和丰富内涵，中华优秀传统文化的发展亦是如此。虽然长期以来学界对于传统文化基本精神的概括众说不一，但至少都承认三个方面，即人与自然的"天人合一"思想，人与人的"礼用贵和"思想以及人与自身的"自强不息"的进取精神，当然还不止这些。正是这些有益文化要素和精神资源在一定程度上赋予了中华优秀传统文化以强大的修复能力和觉醒功能，从而使中华优秀传统文化如长江黄河般生生不息而又一脉相传。

与此同时，中华优秀传统文化的延续性与各个时代人们的积极传承发展具有密不可分的关系。纵观历史，中国共产党自成立以来就是中华优秀传统文化的坚定传承者。在新时代背景下，党中央自觉承担起传承、弘扬中华优秀传统文化的重任，在治国理政和对外交往中对于民族优秀传统文化的赓续发展、时代开新，事实上既是对中华优秀传统文化延续性的重视，也是对中华优秀传统文化阶段性发展的深度思考，即要在新的时代背景下，向全国人民乃至世界人民讲清楚中华优秀传统文化的发展历程、独特优势、未来走向，讲清楚哪些传统有益资源是基于当前时代发展要求而需加以挖掘和发扬的，哪些是需要随着时代发展而不断转化创新的，等等。这亦是中华优秀传统文化延续性的要求。可以说，习近平新时代中国特色社会主义思想对于中华优秀传统文化的传承，凸显的是一种对于中华优秀传统文化发展阶段性的思考和探索，对于中华优秀传统文化发展延续性的重视和坚持。概而言之，习近平新时代中国特色社会主义思想和中国外交思想对于传统文化的传承，是在特定历史阶段中对于中华优秀传统文化基于延续性的提升和创新，其目的是在阶段性提升和创新基础上以更好地延续民族传统文化之根脉，使中华优秀传统文化以更加昂扬和崭新的姿态传承和延续。这既是中华优秀传统文化未来发展的必然宿命，也是党中央所自觉肩负的文化使命。

六、时代性

中华优秀传统文化具有时代性的特点，从静态视角来看，这既是说中华优秀传统文化源于特定的时代环境而又作用于当前时代并产生相应的影响。由于物质基础和受到以往文化积累以及当前文化资源不同的影响，每个时代所沉淀的优秀文化成果也必然会打上深刻的时代烙印。从动态发展的视角来看，中华优秀传统文化的时代性内在包含着对民族优秀传统文化现代化转型的强烈需求。这要求传统有益文化依据时代条件变化、顺应时代发展潮流而不断满足人民的发展需要。当前，党中央在治国理政和对外交往中对民族传统文化传承发展的重视以及对于中华优秀传统文化创造性转化和创新性发展的强调，体现出对于中华优秀传统文化时代性的高度重视。或者说，新时代中国特色社会主义思想和习近平外交思想对于中华优秀传统文化的传承，其内在蕴含着对于中华优秀传统文化时代背景的考察、时代转型的思考以及时代影响的体悟，是对于中华优秀传统文化时代性的统筹思考和重点关照。

时代性特征是优秀传统文化在当下社会展现风采的重要基础。在新时代的发展背景下，优秀传统文化在各个领域、各个层面都得到了充分应用，成为新时代精神文明发展、物质文明开拓的重要资源。革命文化、社会主义先进文化、中国特色社会主义文化等，在一定意义上都有着优秀传统文化内在能量的参与。同样，中国经济的快速崛起也离不开中华民族长期以来形成的自强不息、勤劳勇敢的民族精神的助力。优秀传统文化可以在新的历史时期，为新时代的精神、技术、制度等各领域的发展贡献自身的价值，也就证明优秀传统文化的内在价值是符合新时代需要的，是可以以较好的状态"活"在新时代的。

七、历史性

优秀传统文化是历史的产物，是形成在过去时代的文化奇珍。实践是人的本质性特征。人在过去历史时代的个人实践和集体实践活动，是优秀传统文化产生的基础。没有人的历史实践活动，优秀传统文化将会化为虚无，在历史的河流中不留痕迹。优秀传统文化产生于人在过去历史时期的创造，所以，优秀传统文化自身必然带有历史的印记。历史性的特征并非意味着优秀传统文化的落后与陈旧，反而是优秀传统文化在当代展露风采、实现价值的深厚底气。

第四节 新时期优秀传统文化传播的必要性与紧迫性

一、必要性

（一）传播优秀传统文化有利于提升文化自信

5000多年的历史积淀使中华民族在时代变迁中创造了灿烂的中华文化。古往今来，中华儿女对文化的自信从未停歇。中华优秀传统文化凭借悠久的历史和丰富的内容成为文化自信的基石。我们对文化的自信在很大程度上取决于我们对中华优秀传统文化的自信。但实际上，文化自信与中华优秀传统文化之间是相辅相成、相互促进的，坚定文化自信也是加深对优秀传统文化认同感和自豪感的关键。因此，文化自信的树立需要优秀传统文化的滋养，在一定程度上，传播优秀传统文化能够有效地提升我国的文化自信。

1. 中华优秀传统文化是增强文化自信的深厚理论源泉

中华优秀传统文化涉及范围广，包括文学、艺术、科技、医学等方面，文化种类也丰富多样，有人文精神、道德规范、风俗习惯和治国理政经验等，有助于激发广大人民群众特别是青少年对中华优秀传统文化的认同感和民族自豪感，坚定文化自信和树立中华民族共同体意识。十九大报告指出："文化兴国运兴，文化强民族强。没有高度的文化自信，没有文化的兴盛繁荣，就没有中华民族伟大复兴。"这是新时代坚定文化自信、建设文化强国的时代宣言，中华优秀传统文化作为增强文化自信的理论支撑和活力源泉，能以价值形态的形式筑牢理想信念、凝聚社会力量、促进社会发展。在逐梦新时代的伟大征程中，传承和弘扬中华优秀传统文化，不断从中汲取优秀理论，使中国人民奋斗的旋律更加昂扬、奋起的动力更加强劲,最终推进中华民族伟大复兴。

2.中华优秀传统文化是推动文化自信建设的不竭动力

中华民族具有5000年的悠久历史文明,蕴含着古人绝妙智慧的中华优秀传统文化,贮藏着丰厚的优秀文化资源,也蕴含着推动文化自信建设的不竭动力。新时代,文化软实力日益成为衡量一个国家综合国力的重要方面,中国在经济、政治、文化等方面进行了全面深化改革,既满足人民群众物质需求,也注重人民群众的精神文化需求。

随着中国综合国力的不断增强和国际地位的显著提升,作为中国特色社会主义文化体系瑰宝的中华优秀传统文化,显示出了其他文化无法比拟的生命力和时代价值,推动我国对外文化输出持续推进,有效抵御了西方不良社会思潮的侵蚀。因此,挖掘好、传承好、弘扬好中华优秀传统文化不仅有利于我们更加全面、深入地把握中华优秀传统文化的内涵和时代价值意蕴,更有利于不断推进文化自信建设和社会主义文化强国建设。

(二)传播优秀传统文化有利于提升民族凝聚力

中华优秀传统文化在国际社会中具有一定的影响力,因其具有完整的中国文化和浓厚的中国智慧。中华优秀传统文化的传承,不仅要加强对优秀传统文化的挖掘,更要充分利用网络环境和科技,从当前的创新领域出发,实现对中华民族凝聚力和认同感的认知,促进中华民族用自己的文明、归属感和自己的民族形象感染世界。我们需要深入探索优秀传统文化的思想价值,让优秀传统文化对提高人民精神动力和建设中华民族精神家园都起到重要的作用。

道德传统文化中的价值观念和道德情感,是中华民族屹立于世界的根基。因此,一代又一代中华儿女必须认同中华优秀传统文化中的价值理念,并不断发扬。中华民族凝聚力在中华民族的形成中、巩固中、复兴中和壮大中起着历史性的作用。经过几千年的沧桑岁月,把我国56个民族、14亿多人紧紧凝聚在一起的,是我们共同经历的非凡奋斗,是我们共同创造的美好家园,是我们共同培育的民族精神,而贯穿其中的、最重要的是我们共同坚守的理想信念。这是优秀传统文化的现实呈现,也是中华民族凝聚力的现实出发点。

（三）传播优秀传统文化有利于促进现代文化发展

人类社会的发展过程是从愚昧走向文明的过程。人作为万物之灵，从无知到智慧，中间要经历成长的磨炼，认识的升华，从感性认识到理性认识的跳跃，进而成为更加自觉的存在。文化也是如此。

继承传播传统文化是每个民族成长必须经历的阶段，是社会进步必须走的步骤，是从量变到质变的过程。毋庸置疑，优秀传统文化是中华文明最主要的部分，是现代文化发展的基石。现代文化源于传统，因此，优秀传统文化的传播在一定程度上有利于现代文化的发展。传统文化与现代文化是一体的，现代文化不要产生与过去割裂的"幻觉"。从整体上来看，部分的价值小于整体的价值，因此，现代文化如果缺少优秀传统文化的供给，是很难发展下去的。

（四）传播优秀传统文化有利于满足大众精神文化需求

自改革开放以来，我国在各个方面都得到了巨大的发展，并取得了长足的进步，人们在衣食住行等方面，有了显著的改善，这些社会存在的改善，势必会使人们的社会意识有所提升。目前，人们对于精神文化需求的满足程度逐渐提高，中华优秀传统文化更加凝聚化，并得到一定的创新性发展。人民作为社会历史的推动者，在不断推动现代文化建设中，更加丰富了自我的精神世界。只有更好地满足人民的精神文化需求，才能打开中国特色社会主义的新局面，增强国家的凝聚力。特别是随着新时代的到来，人们不再仅仅追求简单的物质生活，而是更注重精神生活，因此，运用中华优秀传统文化丰富人们的精神文化生活很有必要。比如，利用电影、文学等方式进行中华优秀传统文化的传播，开展一系列宣扬中华优秀传统文化的活动，对满足人们多层次、多元化的文化需求是有一定促进作用的。当前民众追求更加高质量、高品质的生活方式，追求更加美好的生活，其中精神文化的需求是美好生活中的重要因素。但是，文化的发展在不同区域也出现了不平衡的情况，随着国家的大力扶持和发展，我们应对中华优秀传统文化的运用不断探索，以便于进一步满足人民的精神文化需求。

（五）传播优秀传统文化有利于建设文化强国

1. 优秀传统文化是建设文化强国的自信之源

在世界民族之林，中华民族能以昂扬的姿态屹立着，成为世界"四大古文明"中唯一未曾中断、延续至今的民族，归根结底在于中华民族在历史长河中，形成了博大精深、独树一帜的中华优秀传统文化。这使得中华民族在面对磨难时总能迎难而上，并不断在这些挑战中总结经验，迎来新生。中国历史上的任何一个时期，勤劳勇敢、善于创造的中华民族都留下了大量不朽的作品，成为时代瑰宝，共同谱写了中华传统文化的辉煌篇章。从先秦时期的诸子百家，留下大量传世著作，到秦汉之际成为大一统国家，奠定中华民族统一思想，再到唐宋时期，以《清明上河图》为代表所描绘的繁荣昌盛，最后到明清期间，戏曲小说的多元发展，这些文化瑰宝都凭借着强大的感召力和吸引力，在世界历史的发展进程中留下了浓墨重彩的一笔。无论是《诗经》《楚辞》和唐诗宋词这样的文学作品，还是"四大发明"和"地动仪"这样的科技成就，或是青铜器和瓷器中巧夺天工的精美工艺，无不展示了中华优秀传统文化的辉煌成就。这些中华优秀传统文化共同构成了建设社会主义文化强国的强大底气，成为建设社会主义文化强国的自信之源。

2. 优秀传统文化是建设文化强国的坚实基础

回顾历史，可以看到中华民族在实践中逐步形成和发展起来的中华文化，有着其独特的文化基因和自身的发展历程。中华优秀传统文化不是止步不前的，这种与时俱进的品质使它得以延续至今，同时它在同其他文明的交流过程中不断地丰富和完善自身，中华优秀传统文化因而还具有兼收并蓄的优秀品格。中华优秀传统文化的这种品质和品格使其得以生生不息地向前迈进，这种鲜明的特色使得中华优秀传统文化在历史的不同时期都能形成与时代相契合的文化形态。中国共产党成立以来，党领导人民在革命、建设和改革过程中艰辛探索，形成了与中华优秀传统文化密不可分的革命文化和先进文化。以爱国主义为核心的民族精神和以改革创新为核心的时代精神，总能从中华优秀传统文化中找到自己的脉络所在。这种历史与现实之间的对应，是中华优秀传统文化的特色所在，更是其从未间断的原因所在。中华优秀传统文化在当代中国迸发出新的生机与活力，充满了时代的朝气，为文化强国建设提供了重要的文化支撑，成为文化强国建设的坚实基础。

3. 优秀传统文化是建设文化强国的精神养料

文化是具有传承性的，后人总会在某些方面继承前人所创造出来的文明成果，并以此作为后续文化发展的精神养料，在此基础上，又继续创造出具有时代特征的符合当代人民需要的文化。可见，中华优秀传统文化影响之深远，可谓是跨越了时间和空间的局限，前人创造的中华优秀文化在当代中国共产党的领导下，实现了与当代中国客观发展需要相结合，提出了"社会主义核心价值观"等符合中国现实需要的理念，对当代中国人民的行为准则做出了好的向导，让中华优秀传统文化在21世纪的中国焕发出新的生机与活力。当前，我们正处于建设社会主义文化强国的关键期，"十四五"规划对文化强国建设做出的战略部署，要深入地贯彻落实就不可能脱离中国的历史传统，必然要从中华民族在历史长河中积累起来的中华优秀传统文化中，以其丰富内涵为社会主义文化强国建设提供营养和智慧。

二、紧迫性

改革开放几十年，中国经济取得了巨大的成就，但是精神建设也不可忽视。建设和谐社会，正是在这一背景下提出的。要实现人与自然的和谐，需要"天人合一"的思想；实现人与社会的和谐，需要仁爱、中庸、诚信；实现人与自身的和谐，需要自省、良知。

文化认同，是一个民族形成共同行为方式、生活习惯、价值认可的精神纽带，具有凝聚人心的巨大向心力。传统文化浸润在中华儿女的血液之中，是我们的文化基因，人们日用而不觉。就像牵着风筝的线，无论风筝飞向何方，飞得有多远，最终都不能脱离线的牵引，一旦脱离，便要失控。在海外华人的心中，中华文明才是他们的根。而作为中国人，更不能丢失了传统文化这个宝贵的精神家园。

第二章 优秀传统文化的思想精华

优秀传统文化作为我国宝贵的精神财富，其思想精华部分一直被我国人民视为珍贵的宝藏。在我国发展与进步的过程中，优秀传统文化的思想精华部分提供了十分重要的借鉴意义，有效地提高了我国的综合国力和文化软实力。本章分为优秀传统政治文化、优秀传统伦理文化、优秀传统法治文化、优秀传统智慧文化四部分，主要包括"民为邦本"与"以人民为中心"的政治立场、"止于至善"与"提升道德修养"的政治理想等内容。

第一节 优秀传统政治文化

一、重贤用能

"重贤用能"是对古代"任人唯贤""唯才是举""国士无双""能者制之"等思想或观点的一种总结。如果究其源头，那么在《荀子·王霸》中，曾有"赏贤使能"之相似表述。"重贤用能"传统是中国古代国家治理层面最为重要的一项制度发明。其对中国国家历史的发展以及走向起到了极为重要的影响。当代我们所谈的"重贤用能"与古代"重贤用能"传统有着高度一致，客观上说明古代这一重要政治传统能够经得起长久历史时代的考验。"重贤用能"传统具有五个方面的内涵。

（一）重视对贤能之人的挖掘

"重贤用能"首先体现在中国古代非常讲究对贤能之人的挖掘。孟子曾说，

"尊贤使能，俊杰在位"①。从尧舜禹让贤始，上至夏商周三代，伊尹、姜尚、周公旦、召公奭等人都因贤能而得到重用，终成三代之治。在春秋战国诸子争鸣的时期，基于强国需要，各国君主不以出身论贤能，从而实现了人才的自由流动，提高了对人才的号召力。自秦国建立大一统中央集权国家以后，历朝历代都把"重贤能""礼贤下士"作为皇朝祖训来加以精心维护。古代中国不乏贤能之人以一己之力救国救民于危难，改革破局于陈弊，强国富民于俯仰。"重贤用能"成为中国古代制度文明、治理文明以及璀璨文化的重要支柱。因此，"重贤用能"的第一层含义就是对贤能人才的挖掘。

（二）关注对贤能之人的培养

在很久以前，贤能之人被视为天兆，即贤能之人是上天赐予的礼物，是对君主有德行的褒奖。随着中央集权的大一统国家逐步建立，统治者愈发理性地看待贤能之人，明白贤能之人能够出现，与治国理政水平、国家开放有序的人才选拔与晋升制度有着很大的关系。正所谓"无伯乐，而无千里马"，因此，国家开始重视对人才的培育。这包括三个具体层面：第一，对后备贤能人才的培育，即官办教育的前身；第二，鼓励社会开展乡教，为国家培养、推举贤能人才；第三，建立有序的考核、选拔制度，充分提高贤能人才的利用率。

（三）重视对人才贤能程度的考察

贤能之人是一个称谓，而贤能程度究竟如何，则需要另加判断。古代先贤讲"建官惟贤，位事惟能"。即是说明，要通过长期的执政训练和实际问题的解决，来评价考核人才的贤能水平，进而委任重要程度高低不同的职务。因此，古代国家逐渐建立起对人才的修身、性理、治学、政见、治才等不同维度的考核与考查制度，从而尽可能实现贤能人才的"人尽其用"。同时，要兼顾"贤"与"能"的考核均衡，不能偏废，不能徇枉，不能矫枉过正，不能不切实际，要"两手抓，两手都要硬"。

---

① 孟子. 孟子[M]. 哈尔滨：北方文艺出版社，2019.

（四）强调阶层流动的有序开放和简单透明

"重贤用能"意味着一个社会要以"贤能"作为尊敬和赞誉的对象。也同样意味着，权势、家族、出身、相貌、财富等，不能成为国家选拔人才、任命官员的主要理由和依据。在古代封建专制社会，理论上不可能存在和现代社会一样的大范围的跨阶层流动。然而，"重贤用能"作为一种激励机制，能够给家庭背景普通的人提供建功立业的机会。这在那个时代，是一项极为重要而大胆的制度创新。通过这项制度，中国这样一个超大规模国家，可以不用担心人才的短缺和稀缺，而是能够源源不断地获得优秀的治国人才。换句话说，人有七情六欲的本能，即便是贤能，也有可能堕化和变质。而通过这项制度，国家也可以不用忌讳特定人才不能为己用的两难局面，可以严明法纪、推行政治清明之制。

（五）强调维持一定程度的有序竞争和优胜劣汰

"重贤用能"本质上是一种竞争，即人才竞争。只有更具有贤能的人，才能够脱颖而出，才能够胜任更高的职位。因此，在某种意义上，"重贤用能"也是古代君主实现权术驭臣的一种方式。因为每个人做事情的动机可能有所不同，但从人性角度来看，喜欢什么、不喜欢什么大同小异。君主在深知这一理论的前提下，可以借助"重贤用能"，驱使臣子实现自己要实现的目的，也可以控制臣子的行为，使其不会恃才傲物、目无君主。因此，总体上，这项制度使得贤能之人互相竞争，从而更好地为国家服务。

二、和合文化

古代中国先贤创造性地提出了"和合文化"这一种社会文明价值体系。这一体系不仅能够提供一种提升社会微观个体间信任与合作关系的规范框架，还能为国家治理社会提供一种柔性化、间接化和低成本化的治理方案。

顾名思义，"和合文化"是"和"与"合"两种价值要素结合、共同熔铸成的一种社会政治理念与文化情感观念。"和"，原本是声音相应的意思，并逐渐孕育出和谐、和平、和睦、和善等意涵。"合"，原本是指上下嘴唇合拢的意思，并逐渐孕育出汇合、结合、合作、凝聚等意涵。到春秋时期，"和""合"两字开始连用,"和合"就成为一个整体概念,指和合、和平、和气、和谐共处等意涵,而与之相对应的就是"分"。在"和合文化"看来,"分"所反映出的社会状态是不协调、不稳定、不凝聚,代表着阴阳失衡、一分为二,孤立、对立、分裂、分散、纷争、分割、分隔、不和谐等等。

从国家治理和社会稳定的理想诉求出发,更应该呼吁"和合文化"所代表的价值理念作为国家治理的基本宗旨。融合"和合"意涵的"和合文化"思想(理念),则是在先秦时期逐渐形成,并且在之后的2000余年得到不断的发展和弘扬,最终形成具有符号意义的共识性认同。如果从国家治理的角度来审视"和合文化",那么应该至少包括两项内涵。

(一)"和合文化"重视国家对社会个体的教化引导

古代中国有"礼仪之邦"之谓,发展出高度发达早慧的礼乐文明,形成了对社会长期开展教化的基本思想。中国古代的政治教化既可分为"吉凶军宾嘉"五大类型,即从政治、经济、社会、文化和教育等层面,以权威化的官方意识形态作为标准,针对全体国民,展开长期、系统、普遍化的教化工作,使人们懂得"和谐""友善""互爱""互助""诚信"等价值观。从理论层面来看,德教不同于现代性意义下的意识形态价值观教育,也并非传统宗教意义下的信徒式的世界观教育。从"教"的程度和"教"的目的来看,中国古代沿袭下来的德教,内容饱满而丰富,也更为包容和均和,即充分一体化和整合了个体的私域伦理和国民的公共伦理,也充分地调解了世俗世界与精神世界的内在冲突。

(二)"和合文化"倡导国家与社会间关系的缓和与协调

"和合文化"并不仅仅针对社会内部个体间的关系,还可对社会与国家间的关系进行调节。即国家与社会应该形成一种"和合关系"。从国家角度来看,国家要多行休养生息的政策,有为与无为并举,最大限度减少可能影响社会基本秩序与民众生活的政治性活动。在不与国家一般法律和根本利益相抵触的前提下,国家要承认并尊重个体、群体及其所信奉的一系列观念习惯的多样性和差异性。孔子曾说,"君子和而不同,小人同而不和"。这就是说,为了"和"而一刀切、刻意制造"同"是错误的。国家要理性审视自身的责任与职权边界，不越权也不集权、不缺位也不失位。国家要得到社会的认同与权威的服从，必须自我守法、严格执法。因此，一个国家只有自己做好表率、扮演好自己应该扮演的角色，成为一个"公共善"的国家，才有可能推进"社会善"与"民向善"。从社会角度来看，社会与国家间难免存在利益上的摩擦、存在意识形态上的出入，这是不可避免的。但重要的是，社会如何来应对这种摩擦与出入，处理与国家政治权力之间的不和甚至对峙。从"和合文化"的内涵来看，一方面，社会精英、社会贤达以及意见领袖要有大局意识、国家意识、民族意识，充分发挥自身的话语劝诫、观念引导、行为示范作用，充分对普通民众开展爱国主义、家国主义价值观念的传播和讨论，形成上行下效的良好效应。另一方面，在与国家或者地方政治权力出现矛盾摩擦的时候，要把"合作""和序"作为基本原则，妥善处理，让多方通过和平、有序、文明的方式解决摩擦，通过合作来共同实现利益的最大化。最后，就是要发挥社会文明进步发展的推进作用，通过结社等方式，成立第三方的社会性、公益性组织，充分发挥重要的社会"润滑"作用，引导和扩散和睦、文明、进步的价值观，进而推进社会整体的"向善""和善"以及区域"至善"。

第二节　优秀传统伦理文化

一、"天下兴亡，匹夫有责"的家国情怀

悠久的农耕文明孕育了中华民族自古以来安土重迁的传统。农耕文明将人与土地紧密相连，演化出中华民族对家国故土的热爱。先秦时期，爱国诗人屈原在名篇《离骚》的结尾写下了"陟升皇之赫戏兮，忽临睨夫旧乡。仆夫悲余马怀兮，蜷局顾而不行"[1]，展现了诗人对故土的不舍。唐诗是我国诗歌发展的高峰，更是中华优秀传统文化璀璨的明珠。诗人们借诗歌叙事抒怀，为后世留下了一笔宝贵的文化遗产，其中不乏心系故土、渴望建功立业的壮烈情怀。大批边塞诗人以自

---

[1] 屈原，宋玉. 楚辞 [M]. 廖晨星，注译. 武汉：崇文书局，2020.

身的所见所闻为题材，将自己对于国家的关切和抱负写成气壮山河的诗句，或浪漫、或写实、或激昂、或悲慨，情绪饱满动人，在中华传统文化的历史长河中留下了浓墨重彩的一笔。宋朝重文抑武之风盛行，边疆饱受侵袭，"靖康之耻"后，爱国之情成为南宋文坛的主要情感倾向，爱国诗词大量涌现。岳飞激愤地写下"靖康耻，犹未雪。臣子恨，何时灭"，气势磅礴，字里行间皆是杀敌报国、收复失地的英雄壮志；辛弃疾登高远眺，"把吴钩看了，栏杆拍遍，无人会，登临意"一句，满是报国无门、壮志难酬的悲愤……历代仁人志士借诗歌言志，字里行间都彰显了中国人对家国故土的赤子之心。

家国情怀是中华优秀传统文化的重要组成部分，是中华民族人文情怀和人文素质的根基，是爱国情怀的思想根源。家国情怀是主体对共同体的一种认同，并促使其发展的思想和理念。家国情怀内涵复杂，见仁见智，简而言之，可以体现为以下三点：

首先，家国情怀体现为忠心爱国的道德品质。南宋崖山战败，十万军民蹈海殉国；明亡之际，节烈之士大义凛然。"人生自古谁无死，留取丹心照汗青。""苟利国家生死以，岂因祸福避趋之。"古往今来，志士仁人用舍身为国的壮举和豪迈诗句，诠释了家国情怀首先就是要忠心爱国，具有强烈的民族自尊心和自信心。

其次，家国情怀体现为忧国忧民的忧患意识。"入则无法家拂士，出则无敌国外患者，国恒亡。然后知生于忧患而死于安乐也"[①]，这是对忧患意识的深刻诠释。古往今来的杰出先辈告诫后世，因为深爱家国，所以关怀家国，时时刻刻忧心其前途和命运。

最后，家国情怀体现为胸怀天下的担当精神。北宋理学家张载指出："为天地立心，为生民立命，为往圣继绝学，为万世开太平。"显示出一种震撼人心的责任意识和担当精神。明末清初思想家顾炎武说："天下兴亡，匹夫有责。"强调即便为凡夫俗子，也不忘担责家国。无论身居何位，要胸怀家国，勇于为其担责，既要有担责意识，更要落实于担责行动。

---

① 孟子.孟子[M].哈尔滨：北方文艺出版社，2019.

二、"义利兼顾"的利益论

义利问题是中国传统伦理学说的基本问题，对义利关系的思考彰显出中国传统伦理道德的价值取向。中国古代伦理观崇尚道德，主张将"义"作为衡量价值的标准，强调在道义的基础上同舟共济、守望相助，能够为促进世界共同繁荣提供一定的发展启示。

（一）先义后利的中华传统伦理观

义利之辨是中国传统哲学的经典命题。历代先贤在阐释义利关系时都把道义优先作为一种基本的价值准则，逐渐形成"义利相兼""以义为先"的中国传统义利观，并将这种崇尚道义的理念扩展至立身处世之中，发展出"和衷共济""立人达人"的伦理思想。

1. "义利相兼""以义为先"的义利观

坚守道义是中国古代重要的伦理思想，也是圣贤必须遵从的行为规范。《墨子·贵义》曰，"万事莫贵于义"，主张道义是世间万物之首；《荀子·荣辱》云，"先义而后利者荣，先利而后义者辱"，认为把利益放在道义之前是可耻的行为，强调道义的优先地位。因此，在道义与利益发生冲突时，中国传统伦理观主张以道义为先，把道义作为基本的价值准则。同时我们也要看到，中国传统义利观并不是完全排斥"利"，而是支持在道义基础上发展的、能够提高民众生活水平的正当性的"利"，反对仅仅为了满足个人私欲的不正当的"利"。《论语·里仁》曰："富与贵，是人之所欲也，不以其道得之，不处也。"孔子并不排斥利益，只是强调君子不能接受以不正当手段得到的财富。《孟子·滕文公上》曰："有恒产者有恒心，无恒产者无恒心。"孟子肯定利益的重要作用，认可合理之利的正当性，体现出传统义利观中"义利相兼""以义为先"的价值准则。

2. "和衷共济""立人达人"的伦理思想

"和衷""共济"分别出自《尚书·皋陶谟》和《国语·鲁语下》，连用时有和睦同心、同舟共济之意。《孟子·滕文公上》云："出入相友，守望相助。"孟子主张民众出入要互相做伴、彼此提供帮助。葛洪在《抱朴子·务正》中提出"众力并，则万钧不足举也"①，魏源在《默觚·治篇八》中提出"孤举者难起，众行者易趋"②，两人都十分强调团结协作的重要意义，认为只要汇聚众人的力量即使再重的东西也能够举起，反映出"和衷共济"的伦理思想。《论语·雍也》言："己欲立而立人，己欲达而达人。""立人达人"不仅是儒家处世之道的重要原则，也是中国传统义利观的重要内容。《孟子·梁惠王上》云："老吾老以及人之老，幼吾幼以及人之幼。"孟子认为在照顾自己的长辈和孩子时不能忽视与自己没有亲缘关系的老人和小孩，在社会生活领域提出推己及人的思想。而后他在《孟子·尽心上》中提出"穷则独善其身，达则兼济天下"，将这种思想扩展至政治领域，反映出他对整个社会共同和谐发展的深刻关切，也体现出中国传统伦理观的重要道德标准与道德境界。

（二）发展先义后利的伦理观，推动建设共同繁荣的世界

"先义后利""立人达人"不仅是中华民族的价值准则与精神标识，而且是推动当今世界共同繁荣发展的行动指南。这种伦理观念能够为世界共同繁荣发展提供智慧，有助于推动各国开展经贸交流与合作，加强对欠发达地区的国际发展援助，促进人类共同进步。

1. 坚持同舟共济的伙伴精神，加强国际协作与配合

当前世界各国间的相互联系和彼此依存日益加深，没有任何一个国家能够独自解决人类面临的各种全球性问题，唯有搭建国际合作的桥梁、共同走多边主义道路才是人类的正确选择。"和衷共济""立人达人"的价值理念蕴含仁爱、道义等中华优秀文化基因，这些向善的基因使得互信、合作具有可能性，这种价值理念有助于各国在共商共建共享的基础上，加强国际协作与配合，深化多领域务实合作，拓展国际合作新空间，能够为破解"全球赤字"贡献中国智慧。只要我们坚持同舟共济的伙伴精神，就能够克服世界经济的惊涛骇浪，开辟未来增长的崭新航程。

---

① 葛洪. 抱朴子 [M]. 上海：上海古籍出版社，1990.
② 魏源. 默觚 [M]. 沈阳：辽宁人民出版社，2000.

2.牢固树立正确义利观，推动世界共同发展

中国传统伦理观十分强调"义"在社会发展中的作用，坚持把道义放在优先地位，为正确义利观的形成奠定坚实思想基础。作为人类命运共同体理念的重要内容，正确义利观既凝结了中国传统伦理道德的精华，又进一步发展了中国传统义利观，主张义利相兼、义利平衡，力求真正做到弘义融利。每个国家在谋求自身发展的同时，要积极促进与其他各国共同发展。坚持和弘扬正确义利观，对解决全球发展差距问题、促进世界共同进步具有重要意义，有助于推进世界各国摒弃零和思维，加强对欠发达国家和地区的国际援助与支持，有助于进一步推动国际发展援助向国际发展合作的转型升级，最终推动世界共同发展，实现各国共同繁荣。

三、"以诚为本"的成人之道

儒家"成人"之道在中国传统伦理思想中具有重要的地位和作用。与佛、道、墨家相比，儒家的"成人"思想不仅仅居于主流地位，成为后世推崇的思想，而且对其他人格思想有着重要影响，共同组成中国所特有的人格思想。

千百年来，儒家"成人"之道在历史上一直占据着重要的地位，不仅是儒家学说的重要组成部分，而且在传统理想人格思想中拥有独特的作用。儒家"成人"之道作为儒家伦理思想中的重要一环，不仅在当时对个人、对社会发展有着重要的影响，并且至今对个人、社会仍有着独特作用。

（一）"成人"之道在儒家伦理思想中的地位和作用

自儒家成立伊始，就尤其重视"成人"之道对个人、社会的积极作用。在对儒家"成人"之道问题进行系统研究时，认为其内容完整、特点鲜明。通过整体对儒家思想进行研究，认为儒家"成人"之道是其不可回避的一项重要研究内容，在儒家伦理思想中具有重要的地位和作用。"成人"之道具有昂扬向上、刚毅勇为的积极精神，规划了儒家伦理思想的基本精神。中国自神本文化向人本文化转变以来，便开始重视人在自然、社会中的作用，肯定人的价值和尊严。儒家自孔子以来，便重视人的作用，教导人面临社会困境之时要不断磨砺自己，为实现理

想目标而不懈追求。《周易》:"天行健,君子以自强不息;地势坤,君子以厚德载物。"其赞美的是刚健有为、永不懈怠的进取精神,告诉世人面临困境要有自强之精神,不论何时都要永不停歇,方能达到成功彼岸。《论语》:"君子不怨天,不尤人。"杨伯峻将此句解释为不怨恨天,不责备人。孔子提倡去除抱怨天地他人的心理,目的是号召大家积极向上,不去为自己的失败寻找客观理由。《论语·子路》:"刚、毅、木、讷近仁。"在这里,孔子认为个人应该不为欲望所蒙蔽双眼,要达到士之弘毅的追求,必须要有刚毅的精神。

孟子提出的"大丈夫"概念,是对孔子昂扬向上状态的概念化,孟子提倡以"大丈夫"气概充塞于天地之间,更以"大丈夫"心态指导个人行为。同时,孟子也提出"彼,丈夫也;我,丈夫也。吾何畏彼哉",体现了孟子的刚毅之风。孔孟等先秦儒家,赋予"成人"之道积极向上的精神品质,规划了儒家伦理思想的基本走向,让后世的知识分子如北宋范仲淹、南宋文天祥,在面对社会现实困境时,能够奋发向上、刚毅勇为,甚至明知其不可为而为之,去实现自己的理想追求。

"成人"之道追求万物和谐、天地一体的理想目标,深化了儒家伦理思想的道德意蕴。与西方主客二分的对立统一观相比,儒家"成人"之道追求的是一种和谐的观念,它自始至终贯穿于儒家伦理思想之中,包括身心和谐、群体和谐以及宇宙和谐,从而深化了儒家伦理思想的道德意蕴。在培养人的身心和谐方面,儒家"成人"之道以培养人的全面发展为目标,教导人不仅要有"仁",更要有"义""礼""智""信""勇"等品德;教导人要恪守忠恕之道,不仅要做到"己所不欲,勿施于人",更要做到"己欲立而立人,己欲达而达人"的理想境界,目的是培养人的身心和谐。在培养人的群体和谐方面,"成人"之道不仅通过"礼"等外在形式促进社会和谐,更是在通过繁荣文化等内在形式潜移默化地促进社会和谐,不仅有孔子的"礼之用,和为贵",更有孟子的"天时不如地利,地利不如人和"以及宋代张载的"民胞物与"观念,无不促进社会和谐。特别是在贯穿儒家始末的义利之辩中,儒家始终倡导"义"字当先,其根本目的就是保持社会之间的和谐。在培养人的宇宙和谐方面,儒家思想之中始终具有"天人合一""天人一体"的观念,"成人"之道也强调人与自然要保持和谐统一,摒弃人定胜天、将人与自然割裂的观念。《孟子·告子上》："故苟得其养，无物不长；苟失其养，无物不消"等，无不昭示人应该合理地保护、开发利用资源，才能到达人与自然和谐共生的状态。

由此可知，"成人"之道在儒家伦理思想中具有重要的地位和作用，通过乐观精神规划了儒家伦理思想的基本精神，而且强调天人和谐，深化了儒家伦理思想道德意蕴，对儒家伦理思想产生深远影响。

（二）"成人"之道在传统理想人格思想中的地位和作用

春秋战国时期，诸侯争霸，相互杀伐，民不聊生，各个学派开始奔走呼号，为实现本学派的理想而席不暇暖。同时，在中国传统理想人格的设计当中，儒家、道家、墨家、佛家所设计的理想人格，都有着不可忽视的社会影响，人们在这些理想人格之中寄托着自身不同的要求、心情和期望。儒家"成人"之道思想独占鳌头，在中国传统理想人格思想中起着主流作用，成为后世推崇的人格思想。诸子百家都有自己的理想人格设计，对道家来说，理想人格是具有自然无为的顺天人格，老子认为："玄德深矣，远矣，与物反矣，然后乃至大顺。"[①] 老子认为以自然无为的顺天人格，即浑然本色的天性，以个体人格精神自由的实现为美，进而获得真善美的人格。对墨家来说，理想人格是具有自强仗义的侠士气度，《墨子·非命下》曰："强必贵，不强必贱……强必宁，不强必危。"由此可见，墨家提倡自强的人格思想。同时，墨家提倡"兼爱"思想，"视人之身若视其身"，能够"杀己以利天下"，用自己的力量去拯救别人，共同铸就墨家的"侠士"之风。对于佛家来说，理想人格具有与世无争、忍辱修行的佛陀形象，六祖慧能的"让则尊卑和睦，忍则众恶无喧"等，提倡以忍辱无争作为人格的理想追求。但是在诸子百家的理想人格中，儒家却始终处于独占鳌头的主流地位，这不仅是因为统治者将儒家思想作为正统思想，更是与儒家"成人"之道所具有的积极入世、渴求事功等特点密不可分。

"成人"之道思想宽广博大，对其他中国传统理想人格思想具有深远影响，共同形成中国特有的人格思想精神。儒家作为"显学"，儒家"成人"之道思想

---

① 老子.道德经[M].沈阳：万卷出版公司，2019.

与其他各派人格思想相互影响，共同与民族心理、性格铸成一体，渗透到人们生活的方方面面。儒、佛、道、墨分别有着各自的理想人格特色，儒家经世、道家遁世、墨家入世、佛家出世，但是在理想人格方面，各家相互斗争又相互融合，各自从不同的角度进行阐释，组成五光十色的人格思想，共同形成中国特有的人格思想。各家各派在许多思想方面都具有一致性，不仅提倡完善个人的道德修养，达到真善美的境界，更提倡在社会层面与人和善、不为私利、舍己为人，再者还要具有天地精神，从而实现人的自由发展。

四、以道"弘毅"的理想观

中国古代儒家思想在发展过程中一直力倡"仁"之思想，把"仁"当作核心教化，作为实现抱负和社会稳定的关键思想，贯穿于千百年来儒家思想发展的整个过程中。《孟子·尽心上》："亲亲而仁民，仁民而爱物。"《论语·雍也》："己欲立而立人，己欲达而达人。能近取譬，可谓仁之方也已。"这些思想都是提倡仁爱的。《岳阳楼记》："先天下之忧而忧，后天下之乐而乐。"这句话把儒家思想的舍生取义展现得淋漓尽致，充分体现了当时的人们对志满天下的不懈追求。中华民族发展到今天也一直向往和谐、整体、教化的价值取向，由此形成了中华民族包容天下的气魄胸怀。

以道"弘毅"的理想观，是指个人意志强大、志向远大的理想人格和人生境界。我们外在所表现出来的言行举止和我们内心的精神境界都上升到一个高于普通人的境界，成为普通大众所追求的楷模，这种人生境界就是我们所说的理想人格。这种理想人格能够代表一些阶级和群体的伦理道德思想，它涉及人们该如何在整个社会系统中生活，才能体现出自己在社会当中的价值。具有什么样的思想品格，才是这个社会最有价值的人。中国古代思想家对人应具有的理想人格进行了不断的探索和研究，同时，这些思想家提出了对理想人格不同的认识，长期地影响着中华民族在历史发展中的价值取向，对于当今社会重新构建理想人格有极其重要的作用。

在中国古代伦理思想发展史上，以孔子和孟子为代表的中国古代思想家对理想人格和道德情操的完美构建进行了不断的探索。中国古代很多思想家所尊崇的理想人格是圣人，孟子说："圣人，人伦之至也。"荀子也说："圣也者，尽伦者也。"其楷模是尧、舜、禹、汤、文、武、周公、孔子等，这是儒家道德人格的最高典范，儒家在把人分为不同层次的时候也会用不同词语来描述人的理想人格，例如，"贤人""君子""大丈夫"。

中国古代很多时候都把儒家思想尊为主流思想，儒家将"圣人"尊为理想人格的特征可以简要地概括为"内圣外王"。"内圣"，指人内在修养的道德境界能够达到的完美程度。"圣人备道全美者也。"儒家思想家认为，每个人一出生就有至善的本性，只有不断地学习和扩充自己的道德修养，才能保存这一本性。我们所说的圣人就是能够把道德修养发展到极致的程度。圣人能将社会道德本质内化，圣人的一切行为都是把内在的道德修养本质自然地流露出来，甚至可以顺其自然地达到道德修养的最高境界。所谓"外王"，是指圣人把内在所拥有的道德修养向外散发，把人的道德修养所得到的精神思想延伸到齐家、治国、平天下的生活实践当中，把人生活的整个社会都变成道德控制下的"王道之世"。这种"内圣外王"的理想人格模式，在中国古代不同的思想家眼中有不同的表达方式。

孔子所提出的是"修己安人"说。孔子与子路有一段关于君子的对话。当子路向孔子请教什么是"君子"的要求时，孔子最先提出了"修己以敬"，并以此为基础，推广到每一个人，由自身的修养推广到"安人""安百姓"，把君子看作这三者的有机统一。这种"修己安人"说，是儒家思想家对理想人格的最早定义，实际上成为"内圣外王"模式的最早思想。后来孟子继承、发展了孔子的思想，孟子强调修身是每个人的根本，最终所要达到的目的是治国和平天下。孟子认为："天下之本在国，国之本在家，家之本在身。"只有真正把"修身"做好，才能"亲亲而仁民，仁民而爱物"，这种孟子所认为的理想人格模式，用孟子所说的话来概括就是"君子之守，修其身而天下平"。

以道"弘毅"的理想观，是指个人意志强大、志向远大的理想人格和人生境界，是儒家对理想人格和人生境界的集中体现，简言之，就是要有仁爱精神。仁爱精神在伦理道德中是最重要的要求。体现天地万物为一体的仁爱精神，其中包括同情、爱护、关心和尊重他人。仁爱精神也是所有人追求的以道"弘毅"的理想观。

第三节　优秀传统法治文化

一、以法治国

用法律来治理国家不是现代法治的发明，我国从古代开始就强调法律在国家治理过程中的作用。产生于春秋战国时期的法家，以管仲、商鞅、韩非子等人为代表，他们提出用法律来治理社会、统一国家，其核心观点即以法治国。

首先，法家认为法律可以达到定名分、止纷争的目的。"故圣人必为法令置官也、置吏也，为天下师，所以定名分也。"[1]就是说圣人为了推行法令要配置必要的官吏，设置官吏做天下人的老师，就是为了定名分。名分一定，天下就可以稳定了。因此，以法治国认为法律可以定名分，达到稳定秩序的作用。

其次，法律可以兴功惧暴。"法者，可以兴功惧暴也"，法律可以鼓励人民立下战功，同时也可以让那些残暴的人畏惧。

最后，法律有保障国家稳定的作用。韩非子提出尧舜禹通过人治的方式达到的效果是好的，但却是"千世乱而一世治"，列举商纣王残暴灭亡的例子来说明通过法治可以达到"千世治而一世乱"的效果。

总之，以法治国思想看重法律对于国家治理的作用。法家认为儒家烦琐的道德说教在乱世中不仅起不到应有的作用，而且会出现很多隐患，而法律能够在乱世中达到非常明显的效果，拯救乱世只有法治一个途径。但也应当看到其中存在不可为现在所用的地方，过分夸大法律的作用、忽视道德等是我们在法治过程中应当避免的。

这里必须明确了解以法治国思想与依法治国思想的异同点。在古代，法家以法治国思想认为封建统治的工具是法律，其所强调的法治是建立在专制条件下的法治，这个法治是有别于现代意义上的法治。在现代，我国实行依法治国方略，这里的法治是在民主条件下的法治，法治是广大人民群众在党的领导下治国理政的一种方式。以法治国的思想强调法律对于定分止争、兴功惧暴、维护国家稳定的作用，可以为今天所借鉴。

---

[1] 商鞅.商君书全鉴[M].东篱子，解译.北京：中国纺织出版社，2020.

韩非子的名言"奉法者强则国强"可以说明法律和执法者对于国家社会发展的重要作用。运用法治维持社会治安和惩罚犯罪，重大改革都要有法有据等，这些重要论述也是在以法治国思想基础上的创新发展，具有时代价值。

二、以民为本

以民为本的思想就是在统治中关注民众的地位、用实现民众的利益来维护统治。以民为本的思想最早可以追溯到先秦时期，民本这一词汇，最早见于西周时期，当时的《尚书》中有记载"民惟邦本，本固邦宁"。字面意思就是国家想要安宁，只有作为国家根本的民众处于安居乐业的生活中才能达到。因此，国家想要稳固，就不可能脱离人民的安定，国家的稳固发展和人民密切相关。著名的政治家周公提出了"以德配天，敬天保民"的思想，同样体现着维护百姓利益的主张。上天只把天命交给有德行的统治者，统治者为了得到天命，要善待百姓。周初的这些思想，被公认为是以民为本的思想的萌芽。随着时间的推移，这一思想到战国时进一步发展。孟子曾经提出了民贵君轻的主张，说的是为政者统治要以民为本、将民众的利益考虑在先。相反，统治者不仁，就会成为暴君，那么因此也就失去了做君主的资格，在这样的情况下民众就可以起来反抗君主。此外，管仲同样提出了"政之所兴，在顺民心；政之所废，在逆民心"。他们强调重视和尊重社会中绝大多数成员的意愿和要求，这样做就是顺应民心，否则就是违背了民众的意愿，还有很多民本思想存在于中国古代传统文化中。

可见，古代以民为本的思想，其实就是重视百姓，将实现百姓的利益贯穿在统治过程中。维护封建统治是古代的以民为本思想的目的，与现代意义上所说的以人为本的理念不同，但是其中蕴含的关注民众、维护人民利益的内涵却可以为我们今天所借鉴。《民法典》增加了很多解决在实践中遇到的法治问题的条款，是在积极满足人民日益增长的法治文化需求。死刑由最高人民法院核准、司法过程中强调每一个司法案件都要彰显公平正义等，都体现了为民的理念。因此，在全面依法治国重要论述中强调以人为本，与古代以民为本的思想是一脉相通的，两者同根同源。

三、严格执法

中国传统文化中蕴含着严格执法、法律面前人人平等的思想。战国时期，法家主张"君臣上下贵贱皆从法""法不阿贵，刑无等级""法之不行，自上犯之"，这些理念都表明了法律面前人人平等。整个朝廷上上下下都要遵守法律；遵守法律是平民的事情，也是君王的事情；法律没有效果，是从君王犯法开始。商鞅在秦律中同样提出了"王子犯法，与庶民同罪"。即王子违背法律也要同平民一样，受到处罚，体现了非常明确的严格执法的理念。到了明朝，律学家刘颂特别强调严刑峻法，充分论证了法律的权威。他反对皇帝的法外开恩，认为这样不仅不利于法律的严格实行，还会影响法律的权威。他经常告诫皇帝，赏罚要事出有因，不可乱用，皇帝自己也要守法，以便取信于民。此外，他还提出"律法断罪，皆当以法律令正文"[①]。也就是说，以法律中的规定为准来执行法律，如果法律中没有出现，那么就不构成犯罪。古代的严格执法的思想主张有：法律面前人人平等，要严格按照法律规定执法，不存在法律之外的特权。但是，这些主张仅仅是为了促进法律的执行，与现代意义上的法律面前人人平等有着一定差别。"法不阿贵，绳不挠曲""公正是法治的生命线"，所有人无一例外都要遵守法律，没有法律之外的特权存在。

四、德法相济

"德法相济"是古代中国先贤的一项重要的治理创新。之所以是创新，是因为其使德治与法治形成一种互补，在充分利用二者优点，实现"1+1>2"的前提下，还能有效减少单独使用一种治理方式所出现的缺陷。中国古代"德法相济"社会治理传统的具体内涵包括以下三点：

（一）德治、法治共制于"礼"

无论是道德还是法律，都源自传统。中国古代德治与法治的共同传统便是"礼"，或者说是礼制。"礼"是国家的纲体，是支撑起国家权威性、公共性和尊严性的基本前提。国家只有构建"礼"的体系，完善对"礼"的运用，强化民众

---

① 房玄龄. 晋书[M]. 何怀远, 贾歆, 主编. 呼和浩特：远方出版社, 2006.

对"礼"的遵守和认同，严格执行"礼"在调节社会利害关系中的具体作用。只有"一切定于礼"，国家才能称得上是一个国家，才能够对社会民众形成有效的、充分的管理与约束。只有"一切从于礼"，人才能称之为人，人才能摆脱动物本能，摆脱低俗、丑陋、可耻的言行，成为一个对社会无害、对社会风气与文明有益的人。但无论是道德律还是法治律，虽然在约束个体的方式上有差别，但本质上都是个体在内心形成一套社会规范。也就是说，"礼"的作用就在于对人的教化上，体现在灵活、具体、能够让民众真真切切感知和学习上，而不是仅仅停留在法律典籍或者精神口号上，停留在空泛的、华而不实的、抽象的概念或道理上。"礼"是古代中国规范性传统的根本来源，由"礼"而生礼俗与礼法。礼俗是道德伦理的来源，礼法是法治与法律的来源。在法律和道德互相裹挟、尚未分离的"三代之治"阶段。"礼"一方面起着替代道德与法律，作为古代社会规范性的价值认知而存在，另一方面则蕴含了"治"的追求，即"礼治不可分"，司法规范与司法实践不可偏废，需要共举。因此，总结以上内容，古代中国之所以形成了"德法相济"的传统，重要原因就在于它们二者最初共生于"礼"，互相都蕴含了对方的部分。这也就使得"德法相济"能够相得益彰、互相浸润，有机地融为一体，实现对中国古代国家和社会的治理。

（二）德治、法治分工分治

"德法相济"是古代中国社会治理的基本模式与传统。这个表述只是从与现代文明相类比的角度出发进行的表述，但实际上并不完全准确。"德法相济"并不仅仅适用于社会治理，用来规范国民的日常行为，还适用于国家治理，用于国家政治体系的日常管理。然而，国家治理与社会治理终究存在不同，道德与法律的功能以及定位也各自有别。其具体包括三个内容。

1. "德"和"法"要根据不同对象而适用之

在法律规则管辖的公共领域，维护社会正义、任何人不得侵犯他人权利是根本要求。道德更多涉及个人内心的自我修为，是"克己复礼"，主体应该是个人自己。因此，当一个个体的行为并没有对周围人造成不利影响时，如果有矫正的必要，则更适合使用道德律令来帮助这个人形成是非观、荣辱观。如果当一个个体的行为对别人造成了实质性的不利影响,则应该"法于先,依于法",有法必依,执法必严。同时,还要考虑话语、行为以及结果间的关系。法律要以人的实际行为表现而加以使用,要以实际结果加以定夺。但对于道德来说,无所谓言语或者行为,都应该接受道德的反省。中国古代,在以血缘关系为基础的氏族共同体内部,维护家庭成员之间以及家庭成员与宗族长老之间各亲其亲、各尊其尊的宗法伦常关系,是维系自然经济秩序的首要条件。因此,推崇"德治",也就成为一种更为适合的社会治理策略。

2."德"与"刑"要据情节而审慎区分、差别使用

中国古代,"法"这个概念实际上蕴含了"制度""法律""规则""刑罚"多重含义。从历史意义和现代意义来看,与"德"相对的"法",更多体现出"刑罚"的一面。这里对"法"的思考,就体现出法律工具主义与法律实用主义的意涵,从分析法学的角度来看,即法律要充分贯彻立法者的个人意志,要有实际的权威性效果。道德和法律有轻重之别,道德本身与法律本身也要有轻重设计。只有这样,才能体现出公正性和权威性,才能平衡执法成本、法律救济的代价以及法律的社会效果三者间的关系。

3.德治与法治要在不同的环境背景下灵活使用

道德与法律要分领域而使用。古代先贤认为,法律与道德不仅要在适用对象、适用情节上有所区分,在适用领域上也应该有所区分。这里的适用领域,在古代中国主要是指道德与法律要在不同的社会环境下发挥主要作用。一方面是要看乱世还是治世,合理使用"软法"与"刚法"。另一方面要考虑尊重社会传统,考虑社会接受能力与舆论评价,要符合时代和历史的发展要求。

(三)德治、法治相辅相合

法律与道德有着千丝万缕的联系。法律能够为社会道德的生成提供有益的制度构架,而法律要深入人心、发挥作用,也必须符合社会的道德追求。随着封建大一统国家的逐渐形成,古代中国先贤深刻意识到德治与法治需要紧密配合,不可再像先秦时期百家争鸣那样,对法治与德治采取一抬一贬的态度。那么,古

代"德法相济"思想，如何谈论德治与法治的相辅相合呢？主要包括三个方面的内容。

1. 德主刑辅

即要以道德教化作为先行方式，来规范人的行为，使得个体能够自感荣辱是非，从而养成终身习惯。当然，只有教化可能会"厉宠臣之节也"导致迁就和纵容更大恶行，因此，需要辅之必要的惩处来使得个体"长记性"，从而利用了人本性中的"好利恶罚"心理。这是尊重人性主义、人道主义和法律文明主义的具体表现，也是对"法律万能主义""法律专制主义"的拒斥。

2. 德法共治

国家要均和使用德教与法治两种手段。这一方面是重视"德教化民"的作用，另一方面是重视"法以威民"的作用。两种作用不可偏废，孟子曾说，"徒善不足以为政，徒法不足以自行"[①]，这充分说明"德治"和"法治"需要相互结合，没有道德引领和凝聚人民，使民向善，那么只会有"法"而无"治"，没有法律警示市井之徒、乱臣贼子，保护民众的安全与国家的利益，那么也只会有"德"而无"治"。无论是"德治"还是"法治"，重在"治"，而"治"的实现需要兼收并蓄、进行互补。

3. 德法相彰

好的法律可以促进道德的教化，道德的重视可以促使人民对法律的敬重和遵守。道德与法律彼此间可以互相促进。法律能够为社会道德的生成提供有益的制度构架，为个人道德培育提供良好的生活环境，而法律要深入人心、发挥作用，也必须符合社会的道德追求，吸收道德理念，从而进一步弘扬社会公序良俗以及社会美德。

综上，"德法相济"是古代中国先贤的一项重要的治理创新。将德治与法治互补互益，形成一种你中有我、我中有你，但又泾渭分明、各有所指的协调关系，在充分利用二者优点，实现"1+1>2"的前提下，还能有效减少单独使用一种治理方式所出现的缺陷。

[①] 孟子.孟子[M].哈尔滨：北方文艺出版社，2019.

第四节　优秀传统智慧文化

一、生态智慧

（一）对人与自然关系的哲学思考

对人与自然关系的探讨，是中国古代哲学思想的重要内容。在中国古代先哲看来，"天"就是自然或自然界，是天地阴阳变化的结果。老庄哲学中的"道"，《中庸》和荀子所说的"天命"都是指天地万物运动变化的客观规律。"天人合一""道法自然""制天命而用之"等观点，正是中国古代思想家对人与自然关系的哲学思考。

1. 天人合一

"天人合一"是中国哲学史上一个非常独特的命题，包含了"天人相类"和"天人相通"，强调天与人的同质性和整体性。也就是说，"天人合一"是对人与自然和谐共生关系的高度概括和总结，它强调天与人二者是紧密联系、相互融合、不可分割的。"天人合一"的观点，肇始于西周时期的天命论。在这里，天作为有意志和人格的神而存在，它能决定人类社会的运行秩序，对人的行为会进行赏罚。《尚书·洪范》中记载："天乃锡禹洪范九畴，彝伦攸叙。"这里的天就是天帝，其保护民众，赐给禹九类大法，人伦规范因此而就绪。天命论观点后来受到挑战，天不再是神的存在，变成了自然存在。在老子的哲学中，道为"象帝之先"，并且"先天地生""道法自然"，上帝和人格神从哲学体系中被驱除出去。老子哲学中的天，通常都是指自然之天，他将前人视为不可侵犯、具有无上权威的意志之天彻底消解，使人们摆脱了宗教迷信的束缚。由此，"天人合一"形容的不再是神人关系，变成了自然与人的关系。道家的庄子认为："人之生，气之聚也；聚则为生，散则为死。若死生为徒，吾又何患！故万物一也。"① 在庄子看来，天是自然。人因气聚而生，因气散而死。作为自然的一部分，人与万物并无本质差别，都须经历生成与寂灭。人产生于自然，复归于自然，最终与自然融为一体。庄子提出

---

① 庄子. 庄子[M]. 夏国强，注译. 武汉：长江文艺出版社，2020.

"天地与我并生，而万物与我为一"，表明他极力追求的是一种人与自然主客不分、天人冥合的精神境界。老子和庄子的思想延至北宋，最终由张载总结为"天人合一"这一中国哲学的重要命题，即"儒者则因明至诚，因诚至明，故天人合一"。其后的程朱理学进一步对"天人合一"思想进行了阐发。程颢提出："仁者，以天地万物为一体。"陆王心学在此问题上也有相似的看法。王阳明认为："风雨露雷，日月星辰，禽兽草木，山川土石，与人原只一体。"[1] 从这里可以看出，王阳明把人作为世间万物的一分子，人与宇宙万物成为一体。

2. 道法自然

《周易·说卦》中写道："昔者圣人之作易也，将以顺性命之理，是以立天之道曰阴与阳，立地之道曰柔与刚，立人之道曰仁与义。"[2] 意思是说，天、地、人三才之理是自然法则，自然和社会因此成为有规律、有秩序的存在。在《道德经》中，老子提出："故'道'大，天大，地大，人亦大。域中有四大，而人居其一焉。人法地，地法天，天法'道'，'道'法自然。"在老子的观念中，虽然人和道、天、地一起构成了"四大"，并且人贵为万物之灵，但是人必须顺从于道，因为道创生万物、蓄养万物，同时又内在于万物之中。道性自然，天、地、人都要遵循道的法则和运行规律。庄子在《庄子·大宗师》中云："夫道，有情有信，无为无形；可传而不可受，可得而不可见；自本自根，未有天地，自古以固存。"[3] 继承老子"道法自然"的思想，庄子认为道无始无终、永恒存在，体现在天地万物生灭去来的运动变化之中。庄子提出"齐物论"，认为天地万物自然平等，即"以道观之，物无贵贱"。庄子还强调人与万物平等："吾在天地之间，犹小石小木之在大山也。方存乎见少，又奚以自多！……号物之数谓之万，人处一焉；人卒九州，谷食之所生，舟车之所通，人处一焉。此其比万物也，不似毫末之在于马体乎？"[4] 意思是说，人生于天地之间，与鸟兽鱼虫、砖石草木一样，都是自然的一分子。从各自的角度看，人与万物各自不同、各有所能、各善其长；从道的层面审视，它们并无高下之分，也无贵贱之别。物与物是平等的，人与物也是平等的。人并不是

---

[1] 王阳明. 传习录[M]. 陶明玉，译注. 沈阳：万卷出版公司，2022.
[2] 张振祥. 周易[M]. 北京：民主与建设出版社，2020.
[3] 庄子. 庄子[M]. 夏国强，注译. 武汉：长江文艺出版社，2020.
[4] 同上。

自然界天然的主宰者，不应随意把自己的主观价值取向强加于他人或他物。老子和庄子哲学中的道是自性的，是无意志和无目的的，因而排斥一切神或"天志"。他们认为道所显现的规律和法则足以让人类去效法、遵循，此时形而上的道便转化为形而下的德，即德是道的作用和显现。在人与自然的关系中，老子和庄子都认为人与自然应该各自维护自己的本性，自相治理，做到自然无为、返璞归真。在道家文化中，人与自然万物都应该以自己的方式生存和发展，人道应该符合天道，人应该遵循自然规律和法则，只有如此才能达到至德至善的状态。在道家看来，自然万物都处于一种自然而然的状态，这是道之本性，也是人之本真。人只有法天象地，才能回归自然并与之融为一体，进而达到"天人合一"的境界。

3. 制天命而用之

在人与自然的关系问题上，"天人合一""道法自然"的观点都强调人与自然的和谐统一。不过，战国时期的思想家荀子却提出"明于天人之分"的观点，即要明确区分"天职"与"人治"，划出自然与人为之间的界限。

荀子继承了老子和庄子对天的认识，认为天是自然之天，"天行有常"，天地万物运动变化的规律既不具有目的性，也不以任何人的主观意志为转移。在天人关系上，老子和庄子都赞同消极无为的观点，强调人道要符合天道，人应该无为而治、顺从自然。荀子将天人关系由"畏天命"变为"制天命"。荀子将"天命"理解为具有客观必然性的自然法则，提出"制天命而用之"，强调人不能够"错人而思天"，要发挥自己的主观能动性去认识、改造和利用自然。荀子认为："水火有气而无生，草木有生而无知，禽兽有知而无义。人有气、有生、有知，亦且有义，故最为天下贵也。……故序四时，载万物，兼利天下。"[①]在荀子看来，人在许多方面的能力并不比其他物种强，不过人是一种特别的动物，能够认识并利用自然规律，能够役使万物而获得利益，能够通过有意识、有目的的实践活动实现自己的目标。荀子将人的地位由自然之属变为自然之主，从而使人从万物中脱颖而出，从自然中分离出来而成为天地之心、万物之灵。

在关于人与自然关系的探讨中，中国古代生态哲学思想中既有"天人合一"的理念，也有"天人之分"的主张，既有对人与自然和谐统一的强调，也有对人

---

① 荀子. 荀子[M]. 曹芳, 编译. 沈阳: 万卷出版公司, 2020.

与自然分离对立的关注。这些思想对后人深入理解人与自然的关系具有重要的启发意义。

（二）从社会延伸至自然的道德关怀

中国古代先哲不仅关注人与人之间的道德关系，而且从道德角度审视人与自然的关系。他们将道德价值赋予自然，要求人类将道德关怀从社会延伸到自然。"仁爱万物""以礼制欲"等生态伦理思想的提出，正是中国古代先哲在道德实践中敬畏生命、热爱自然的节制有度的美好道德情操与乐观的生活态度的体现。

1. 仁爱万物

道家认为道是宇宙的本源，万物都由道而生，天道是自然变化和发展的规律，天道循环，生生不息。儒家也有类似的主张。《周易大传》中云："天地之大德曰生。"这就是说，世间万物生生不息，是最崇高的德行，即"至德"或"大德"。既然世间万物和人一样都是天道化生，在同一天地间生息繁衍，那么人与万物都是平等的，都有生存和发展的权利。对此，惠施说："泛爱万物，天地一体也。"在惠施这里，天地是一个统一的整体，人们应该兼爱天下万物。"仁"是儒家哲学的重要范畴。孔子认为，要做到"仁"，就须"克己复礼"，在思想行动上都要符合周礼的规定，要做到"己所不欲，勿施于人""己欲立而立人，己欲达而达人"。意思是说，我自己不愿意别人怎么对待我，我也不要用此方式来对待别人，而且我自己希望达到的，也希望别人能够达到。孔子的仁学要求不仅要"推己及人"，而且要"推己及物"，即不仅要"仁民"，还要"爱物"。孔子认为人们应该"钓而不纲，弋不射宿"。这就是说，人们如果迫于生计而不得不杀生，也要讲究方式方法。人们应该只用鱼竿钓鱼而不拉网捕鱼，并且不要射杀归巢栖宿的鸟。孔子还提出杀伐要注意方式方法和时令季节。他认为："断一树，杀一兽，不以其时，非孝也。"曾子对孔子的这一观点非常赞同，认为应该遵从孔子的训导，做到"树木以时伐焉，禽兽以时杀焉"[①]。对此，孟子认为："不违农时，谷不可胜食也。数罟不入洿池，鱼鳖不可胜食也。斧斤以时入山林，林木不可胜用也。谷与鱼鳖不

---

① 戴圣. 礼记[M]. 张博，编译. 沈阳：万卷出版公司，2019.

可胜食，材木不可胜用，是使民养生丧死无憾也。"①在孟子看来，人们要注重自然的休养生息，反对向土地任意索取，反对任意捕捞鱼鳖和任意砍伐树木。荀子也有相似的观点，他提出："草木荣华滋硕之时，则斧斤不入山林，不夭其生，不绝其长也。鼋鼍鱼鳖鳅鳝孕别之时，罔罟毒药不入泽，不夭其生，不绝其长也。"②意思是说，花草和树木开花结果的时候，不允许进入山林砍伐树木，避免生长的草木中途夭折，断绝它的繁殖生长。水中各种鱼类产卵时，渔网、毒药不能进入水中，避免水中的生命夭折，断绝它的后代的生长。如果伐树、打猎的方式和时节不对，不能使动植物得到休养生息，就被视为不孝，就是不道德和犯罪。儒家把以"仁"为核心的道德要求和伦理规范从社会推广到自然界，从人推广到万物生灵。这一宝贵的生态思想，在中华文明数千年的传承中从未中断。汉代的董仲舒对"仁"从"爱人"到"爱物"的转变进行了阐释。他提出："质于爱民，以下至鸟兽昆虫莫不爱。不爱，奚足谓仁？"③《吕氏春秋》中也说："竭泽而渔，岂不获得？而明年无鱼。焚薮而田，岂不获得？而明年无兽。"这就是说，竭泽而渔，哪能捕不到鱼呢？可这样做，明年就捕不到鱼了。焚烧草木茂盛的沼泽来打猎，哪能捕不到野兽呢？可明年就没有野兽可捕了。中国古代类似的"仁物"思想比比皆是，在文学作品中也有表达。例如，白居易的七言绝句《鸟》写道："谁道群生性命微？一般骨肉一般皮。劝君莫打枝头鸟，子在巢中望母归。"这首诗告诉我们，生命没有高低贵贱之分，我们与万物生灵要同情共感，即人类有道德情感，鸟兽也有喜怒哀乐。因此，我们应该常怀宽仁之心、慈爱之情，对万物生灵应该倍加珍惜和爱护。

2. 以礼制欲

孟子提倡人们要有节制之德，要珍惜和慎用自然资源，对待自然资源要取之有度、用之有节。对此，孟子提出："今之事君者皆曰：'我能为君辟土地，充府库。'今之所谓良臣，古之所谓民贼也。"④孟子批评那些所谓的良臣为了迎合君王，满足其荒淫无度的生活而任意开辟土地，不顾民众死活而聚敛财富，这种人应该

---

① 孟子.孟子[M].哈尔滨：北方文艺出版社，2019.
② 荀子.荀子[M].曹芳，编译.沈阳：万卷出版公司，2020.
③ 董仲舒.春秋繁露[M].周琼，编.呼和浩特：远方出版社，2005.
④ 孟子.孟子[M].哈尔滨：北方文艺出版社，2019.

被称为民贼。孟子认为，清心寡欲才是君子的生活方式，"养心莫善于寡欲。其为人也寡欲，虽有不存焉者，寡矣。其为人也多欲，虽有存焉者，寡矣"①。不过，孟子并没有完全反对人的欲望，只是反对多欲、提倡少欲，强调这是君子修养身心的基本途径。

荀子主张"制天命而用之"，认为人不仅能够认识自然规律，而且能够改造和利用自然，以满足人的欲望和需求。不过，人的欲望是无穷的，如果人们被欲望所挟持，便会无节制地向自然进行索取，人与自然之间的生态平衡必然被破坏。鉴于此，荀子提出"以礼制欲"的主张。《荀子·礼论》中写道："礼起于何也？曰：人生而有欲，欲而不得，则不能无求，求而无度量分界，则不能不争。争则乱，乱则穷。先王恶其乱也，故制礼义以分之，以养人之欲，给人以求。使欲必不穷于物，物必不屈于欲，两者相持而长，是礼之所起也。"②荀子将礼之起源归于人性之恶。人从出生就有各种欲望，欲望是没有限度和止境的，欲望的满足是暂时的，小的欲望刚得到满足便会有更大的欲望产生。然而财物和资源是有限的，当欲望得不到满足就会发生争抢，社会便陷入混乱，最终将导致穷困。对于此种情形，古代先王制定礼仪规范，区分人的等级差别以调整和节制人的欲望。在满足人们基本需要的前提下不使财物消耗殆尽，这就需要用礼义来调节人的欲望和财物之间的持续平衡。因此，礼仪产生于人性之恶，是为了调节财物与人欲之间的平衡而设立的。按照"礼"的规定，身处不同等级、拥有不同社会地位、享有不同名分的人配享不同的爵禄，得到不同的满足欲望的度量和分界。因此，"礼"代表法度和规范，一方面节制人的欲望，另一方面又设法满足人的欲望。在"礼"的作用下，资源财物得以适当分配，不会因为人的无穷贪欲而枯竭；人的欲望得到控制和调节，在资源、财物有限的情况下仍能在一定程度上得到满足。归根结底，人的欲望因"礼"而得到调养和有条件的满足，社会秩序因此而得到维护。

在中国传统文化中，无论是生态哲学思想，还是生态伦理观念，都无比重视生态系统中的自然要素。对人类而言，大自然是一座丰富的宝库，能够为人类提供生产生活所需的各种资料。但是，自然资源并非取之不尽、用之不竭的，如果

---

① 孟子．孟子[M]．哈尔滨：北方文艺出版社，2019．
② 荀子．荀子[M]．曹芳，编译．沈阳：万卷出版公司，2020．

不能对之加以合理利用，再丰富的资源也有用尽的一天。正如孟子所说："苟得其养，无物不长；苟失其养，无物不消。"因此，要实现人类社会的可持续发展，就必须对大自然进行涵养和保护，做到合理开采、取用有度。就此而言，人与自然是和谐共生的关系，保护大自然就是保护人类自己。

二、治国理政智慧

（一）以"仁政德治"为核心的中华传统治国理政智慧

"仁政德治"是中国儒学和历代统治者追求的政治理想，其中蕴含着丰富的治国理政智慧。在中国，民本和法治思想自古有之，几千年前就有"民惟邦本，本固邦宁"的说法。现在，中国正在全面推进依法治国，既吸收中华法治文化的优良传统，也借鉴世界各国法治的有益做法。

1. 中华传统文化的特质与治国理政智慧的提炼

文化是当代社会最复杂多义的词汇之一。文化通常被视为一个民族整体的生活方式及其价值表达系统，也就是我们常说的活法与说法的统一。所谓传统文化是指传统社会的文化。在中国，传统社会是指周秦以来直至清朝最后一个皇帝退位，即1911年辛亥革命之前的社会。按照学界的约定俗成，通常把晚清以前的中国文化称为中国传统社会的文化，也就是中华传统文化。在5000多年的文明传承中，中华传统文化形成了一些具有独特意味的文化特质。

一是历史悠久，在5000多年历史传承中，中华文化始终没有中断，是世界最古老的文明之一。

二是中华传统文化在传统社会形态框架内形成较少变化、超稳定的社会结构中发挥了重要作用。从秦汉到晚清2000多年的封建社会，虽然文化形态绚丽多姿、色彩斑斓，但社会结构基本上未有大的变化。对此，梁漱溟、冯友兰、李泽厚等人都曾有过详尽的论述。

三是中华传统文化是一体多元的文化形态。从地域上看，既有黄河文明，也有长江文明。从思想形态上看，形成了以儒家文化为主，儒、释、道多元文化互补互促的发展格局。

四是中国文化具有极大的包容性，而且同化能力极强。孔子曰："夷狄之入中国，则中国之。"不同于世界上其他国家追求民族认同，中国追求的是文化认同。自古以来，中国就有一种文化中心主义，如"远人不服，则修文德以来之"，而非种族中心主义的传统，所谓"华夏""夷狄"之分主要取决于文化上的认同。这一教化传统深深地积淀在中华民族的文化心理结构中，形成了中国文化精神中极具凝聚力的"和"——和合、中和的思想，而不是具有强烈攻击性和侵略性的价值取向。正是中国文化不排外的包容性，经由文化价值认同使广大民众团结起来，生成了中华民族没有侵略的文化基因，形成了"天下兴亡，匹夫有责"的民族担当意识。对于中华传统文化的这种特质，中国社会科学院考古所的王巍先生从文明视角作了概括：第一，历史悠久，延绵不绝；第二，土生土长，自成体系；第三，满天星斗，百花齐放；第四，多元一体，互动交流；第五，汇聚辐射，百川归海；第六，祖先崇拜，宗法制度；第七，以玉为贵，将玉比德。

可以说，正是这种文化特质和文明基因使得以儒学为代表的中华传统文化，把"仁政德治"视为封建王朝治国理政的政治理想，并以此为内核演化出中华民族博大精深的核心思想理念、中华传统美德和中华人文精神。这些东方智慧凝练为天人合一、民胞物与的宇宙观（自然观），刚健有为、自强不息的人生观，和而不同、贵和尚中的文化观，诚实守信、厚德载物的道德观，民惟邦本、民贵君轻的政治观，协和万邦、天下大同的天下观。对此从以下三个方面略加阐述。

首先，核心思想理念。中华民族和中国人民在修齐治平、尊时守位、知常达变、开物成务、建功立业过程中培育和形成了一些基本的思想理念，如革故鼎新、与时俱进的思想；脚踏实地、实事求是的思想；惠民利民、安民富民的思想；道法自然、天人合一的思想；讲仁爱、重民本、守诚信、崇正义、尚和合、求大同等核心思想理念。这些思想可以为人们认识和改造世界提供有益启迪，可以为治国理政提供有益借鉴，是当代国家治理的重要思想资源。

其次，中华传统美德。中华优秀传统文化蕴含着丰富的道德理念和行为规范，如天下兴亡、匹夫有责的担当意识，精忠报国、振兴中华的爱国情怀，崇德向善、见贤思齐的社会风尚，孝悌忠信、礼义廉耻的荣辱观念，自强不息、敬业乐群、扶危济困、见义勇为、孝老爱亲等中华传统美德。这些传统美德在几千年的文明传承中担当了社会主导性的评判是非曲直的价值标准,一直潜移默化地影响着中国人的行为方式和生活方式,同样是今天国家治理实现善治的重要精神资源。

最后,中华人文精神。中国是文化的中国、人文的国度,中华优秀传统文化中蕴含着丰富的人文精神,如求同存异、和而不同的处世方法,文以载道、以文化人的教化思想,形神兼备、情景交融的中华美学追求,俭约自守、中和泰和的生活理念等。这些人文精神是中国人民思想观念、风俗习惯、生活方式、情感样式的集中表达,同样是滋养当代国家治理实现善治的厚土与人文环境。

2. 对中华传统文化中治国理政智慧的践行

笼统地说,对中华传统文化中治国理政智慧的践行,可以概括为天道和人道的关系,集中显现为对儒家倡导的"内圣外王之道"的遵循。"道"是中国传统文化中最高的价值哲学概念,所谓天道就是探讨天地的来源和自然的法则;人道就是探讨人自身和人类社会的道理,它集中地显现为儒家的"仁道"观和道家的"天道"观。"仁道"抑或"人道"主要论及的是人与人的关系准则或者社会关系的原则,儒家思想教人在积极入世时实现"家国同构"的人生抱负;"天道"思想主要阐述的是自然运行的原则或者宇宙运行的法则,道家强调在顺乎自然之本性中使社会安定。孔子讲"仁者,人也,亲亲为大",旨在把仁爱作为理解和建构世界的出发点,由此提出了中华传统文化最高的理想——"内圣外王之道"。所谓"内圣"就是修己,即在生活与各种人伦关系中提升自己的修养,对于一个有抱负的人来讲,仅仅修己是不够的,还要追求"外王",达则兼济天下。所谓"外王"就是通过提高自己的道德修养,在积极事功中实现治国平天下的抱负,把在治国平天下中实现仁道视为自己的使命。这种"内圣外王"思想形成了中国传统政治文明中的一种气象,这就是张载有名的"四句教":为天地立心,为生民立命,为往圣继绝学,为万世开太平。

独特的文化基因和政治文明追求,形成了中华传统文化治国理政智慧中浓厚的"以德治国"思想,深刻影响了历代封建王朝的统治者。在孔子看来,治国理政有两种方式:一种是"道之以政,齐之以刑,民免而无耻"。就是说用行政的手段引领百姓,用惩罚的手段管理百姓,这种方式虽然有效,但难以让百姓自觉认识到违反这些规矩是可耻的。百姓只是为了避免受惩罚或制裁,但终究是缺乏羞耻之心。一种是"道之以德，齐之以礼，有耻且格"。也就是说用道德引领百姓，通过"礼"加以规范，使道德成为一种自觉遵循，百姓就会明白违反道德是可耻的，不合乎"礼"是可耻的，这样就达到了自觉遵守道德规范的效果。这种思路体现了孔子以德治国的理念，是古代中国的道德理想主义、文化理想主义。子曰：为政以德，譬如北辰，居其所而众星拱之。如果一个人依靠德行、道德治理天下，就如同北极星一样，会被群星拱卫着。孔子追求的理想境界是"大道之行也，天下为公，选贤与能，讲信修睦"，这是治国理政的最美好境界。

中国古代的治国理政固然有着专制的特点，但在君臣共治的权力结构中并非僵化的铁板一块，始终有着些许开放包容的可塑空间。可以说，正是中华文明始终以一种开放的姿态，汲取域内和域外的文明成果，在会通的基础上，消化吸收各家的文化创造，孕育了"和而不同"的治理思想，才成就了2000多年的封建社会的稳定结构。中国历史上，宋代朝政称得上是历代王朝中最开明的。沈括曾经说，太祖皇帝尝问赵普曰："天下何物最大？"普熟思未答间，再问如前，普对曰："道理最大。"上屡称善。据说宋太祖曾经立有誓约（见曹勋《松隐集》）：艺祖有约，藏于太庙，誓不诛大臣、言官，违者不祥。故七祖相袭，未尝辄易。可以说，"不杀士大夫"，"不罪言事者"，是赵宋"祖宗之法"中经常被征引的内容。相对来讲，宋代的政治氛围相对宽松，士大夫也多受到礼遇，对国事有发表意见的空间，君臣共治的权力平衡带来了宋代社会的繁荣。

从历史发展的眼光看，中华传统文化治国理政智慧中的核心思想理念、中华传统美德和人文精神，形成了2000多年封建统治中有利于维护社会长治久安的"仁政德治"思想，成就了中国历史上有名的"文景之治""贞观之治""康乾盛世"等安定祥和的时代。这些治国理政智慧作为文明基因一直规范着中华文化、国家统治的基本走向，也是今日现代化视域中国家治理可资借鉴的重要资源。一个国家选择什么样的治理体系，是由这个国家的历史传承、文化传统、经济社会发展水平决定的，是由这个国家的人民决定的。我国今天的国家治理体系，是在我国历史传承、文化传统、经济社会发展的基础上长期发展、逐渐改进、内生性演化的结果。我国国家治理体系需要改进和完善，但怎么改、怎么完善，我们要有主张、有定力。中华民族是一个兼容并蓄、海纳百川的民族，在漫长历史进程中，不断学习他人的好东西，把他人的好东西化成我们自己的东西，这才形成我们的民族特色。

（二）中华传统文化中治国理政智慧的启示与借鉴价值

中华优秀传统文化是中华民族的"根"和"魂"，是最深厚的文化软实力，是中国特色社会主义根植的沃土，其中的治国理政智慧更是今天提高国家治理能力的重要资源，为当代治国理政提供了有益借鉴。实践证明，中国特色社会主义制度和国家治理体系是以马克思主义为指导、植根中国大地、具有深厚中华文化根基、深得人民拥护的制度和治理体系，是具有强大生命力和巨大优越性的制度和治理体系，是能够持续推动拥有14亿人口大国进步和发展、确保拥有5000多年文明史的中华民族实现"两个一百年"奋斗目标进而实现伟大复兴的制度和治理体系。说到底，文化不是空洞的抽象的，而是具体的生动的鲜活的。中华传统文化中的治国理政智慧生成于中国古代的特定时空条件下，它作为一种重要资源需要和当代条件相结合，经由现代性转化和创新性发展才能融入当代国家治理实践，成为当代中国特色社会主义制度和国家治理体系的坚实根基。

孔子的仁学思想、孟子的仁政思想对中国古代文官制度与政教体制等产生了深刻影响，是以德治国、政教合一制度文明的思想基础。孔子的克己复礼所弘扬的"周礼"，是指西周初年确立的一整套的典章、制度、规矩、仪节。孟子讲性善论、养气论、仁政论，强调内在的道德品质是治国理政的出发点，只有"不忍人之心"才能"行不忍人之政"，才有王道仁政。儒家在反躬自省与为己之学中，使"修身"与"齐家治国平天下"统一起来，以尽孝、尽忠、廉洁奉公作为官吏考核、升迁的尺度，从而成就了"内圣外王"的文化理想。同样，作为儒家思想的进一步发展，知行合一思想主要体现在王阳明的心学思想中，强调主体实践（道德行为）的能动性，即"知之真切笃实处即是行，行之明觉精察处即是知"，所谓道德乃是一种个体的自觉行为，从中延伸出的新意对后世统治者产生了较大影响。

作为当代国家治理的思想资源，中国传统文化在调整人与人之间的关系和人与自然的关系上的治国理政智慧,对于今天的国家治理有着诸多借鉴和启示意义,但在转化中更要赋予其现代性内涵。也就是说,提高国家治理能力仅仅依靠道德、崇尚自然的清静无为远远不够,更要依靠法治进步和技术创新、经济发展,更要尊重个人权利与民主自由的价值理念。自孔孟到宋明理学,儒家普遍强调"有治人无治法"的思想道统,往往缺乏现代意义上的民主意识和独立人格的尊严,形成了压抑思想的流毒。此外,儒家过于抬高"内圣"的道德理想主义,导致普遍性的"行政能力不足",有着把政治能力泛化为道德伦理主义的弊端。这些思想的流毒和弊端在今天的国家治理中必须肃清,走向法治和善治是建设社会主义现代化强国的重要价值取向。因此,在治国理政智慧的现代性转化中,要把依法治国与以德治国有机结合起来,既要发挥道德引领作用,更要恪守法治底线。对于当代国家治理来讲,对广大人民群众需要强化法治的底线意识,而对"关键少数"则需强化道德引领作用。子曰:"政者,正也。"为政者,首先要端正自己,才能要求别人;自身不正,难以要求别人正,要躬身修己。唐太宗李世民在《贞观政要》中指出:"惟在尧舜之道,周孔之教,以为如鸟有翼,如鱼依水,失之必死,不可暂无耳。"[1]意思是说,对于统治者来讲,尧舜之道、周孔之教,就像鸟离不开双翼、鱼儿离不开水一样,得之则生,失之则死。这对于形成具有中国特色的国家治理体系和现代化治理能力仍是必要的,是古代中国传统治理观的鲜活体现,也是当代中国国家治理的重要依托。

从中国古代"轻社稷,重民本"的思想到当今时代以人民为中心的价值导向,以及一以贯之的实事求是思想及其现代性阐发,都有着传统文化中治国理政思想的智慧。但同时,我们对于传统文化一定要坚持创造性转化和创新性发展的思路,使之与时代条件相结合,形成新的文化内涵和价值意味,"面向世界,面向未来,面向现代化"始终是当代文化创新坚持的方向。事实上,任何要全盘接受传统文化并将其作为解决当代所有问题的做法,不仅在实践上是倒行逆施,而且在方法论上也无法自圆其说。开放包容的人文精神是中华文化的特质,正是无所不包的文化品格成就了中华民族的伟大,并在文明的赓续中成为当代中国文化的底色。立足现代性视野和人类文明发展趋势,深入发掘和阐释中华文化讲仁爱、重民本、

---

[1] 吴兢.贞观政要[M].南昌:二十一世纪出版社,2018.

守诚信、崇正义、尚和合、求大同的时代价值,在统筹中华民族伟大复兴的战略全局和正在经历的世界百年未有之大变局中,以中华文化治国理政智慧所蕴含的精髓滋养当代中国的国家治理,尤其需要以世界眼光弘扬文明共识理念与文明相互通约意识。当下,日益走近世界舞台中央的中国是"世界的中国",是引领人类文明发展进步的重要力量,当代中国的国家治理要在构建"人类命运共同体"的人类情怀中追求世界共同价值。

三、"协和万邦"的政治智慧

早在我国上古时期就已萌发了"协和万邦"的思想。据《史记》记载,黄帝时达到了"万国和",而尧帝时也有"百姓昭明,合和万国"的说法,在《尚书》中还有"百姓昭明,协和万邦"的记载。在古人看来,不同部落或国家间和谐的根本便是讲求"仁德",讲求"远人不服,则修文德以来之",即以君王之仁德来实现"王天下",以仁德感化力量来平息纷争,化解冲突,进而使天下人心悦诚服。与此同时,儒家亦提倡"四海之内皆兄弟",主张邦国间都应以骨肉兄弟相待,因而主张在处理邦交关系时应以仁义在先,时刻奉行"仁者爱人"的伦理准则,以王道仁政治理天下并力求天下顺平同心。

四、"以和为贵"的处世智慧

在中华优秀传统文化中,"以和为贵"思想源自孔子的"礼之用,和为贵,先王之道,斯为美"。意为礼之运用,贵在能和,主张以礼来促进人与人之间的关系和谐。后来这一思想经不断发展而逐渐嵌入中华民族的精神世界,成为人与自然、人与社会、人与自身以及国与国之间相处的重要价值理念和道德准则。综合来看,唯有以"以和为贵"为基础和行为准则,"和气生财"的经济意义以及"和而不同"的交往意义等才能得以实现,因而,"以和为贵"的思想切实展现了我国古人的思想智慧。而这一思想智慧早已嵌入中华儿女的血液和骨髓中,促使着一代又一代中国人对于和平的不懈追求,并为中国坚持和平发展的外交理念奠定了坚实的文化基础,提供充足的文化自信。在新的时代背景下,中国坚持走和平发展道路，传承并激活了中华优秀传统文化中的和合基因，从而使传统的和合理念在新时代背景下彰显出更大的生机和活力。

五、"整体思维"的外交智慧

中华优秀传统文化蕴含着中华民族原创性的思想智慧，是中国人的根之所系与精神家园，亦是中华儿女世代相袭的精神依托。如，中华优秀传统文化中的王道思想，源自东周末年的王霸之争，在当时，周王朝与诸侯国，诸侯国与诸侯国之间以及诸侯国内部纷争加剧而导致"道德大废，上下失序"。霸道主义纵横捭阖、为富不仁、暴师经岁、贪饕无耻，从而导致兵戈不休、民不聊生。在此背景下，提出了王道主义的思想主张，王道主义深刻谴责霸道主义的罪行与暴敛，这从孟子的"以德服人，中心悦而诚服也"，荀子的"故用国者，义立而王，信立而霸，权谋立而亡"可见一斑。总体而言，王道主义主张以克明俊德、仁者爱人、以德服人等来替代霸权主义。从今天来看，这些宝贵的思想智慧无疑对习近平外交思想坚持走和平发展道路，推动建立新型国际关系以及构建人类命运共同体等提供了重要的思想来源和经验启示。

与此同时，张载的"关学共同体"思想，管子"不结盟、不黩武、善与邻、管好边"的对外交往原则，墨子的"非零和博弈"思想等，都为习近平外交思想的形成和发展提供了重要的思想滋养和智慧启迪。

中华民族亦是一个强调整体利益至上、顾全大局和克己奉公的民族。这一关照整体的思维特色，使其在对人自身的思考中，自觉将人与人、人与社会、人与自然进行有机统一，以一种止于至善的追求实现对人的世俗立场的超越，从而赋予人以更为符合万物一体这一终极目的的理性选择。中国外交思想秉持了中华优秀传统文化的整体主义思维特点，并在新的历史背景下丰富其内涵，在处理人与自然关系中倡导国家间的交流合作，树立命运共同体意识，在处理国家间关系时切实做到了综合统筹、全面布局。可以说，中华优秀传统文化为习近平外交思想提供了有益的思想滋养和灵感智慧，是习近平外交思想形成发展和不断完善的重要思想源泉和精神依托。

六、"和而不同"的交往智慧

"和而不同"是古代先贤对于事物发展规律的理性探求,是中华民族的重要文化理念之一。早在《尚书·虞书·尧典》中就有"八音克谐,无相夺伦,神人以和"的说法。这里的"和"指的是音律、神人关系以及邦国之间关系的协调有序。在春秋时代,齐国的晏婴在回答齐景公对话时以汤和音乐作比,认为"和"乃不同成分之间的合理搭配,只有同一种味道的汤或者同一种音调的声音都不好,并借此劝诫国君应听取多方建议,防止独断专行。后来,孔子直接提出"君子和而不同,小人同而不和"即是对这一思想的延续和发展。在孔子看来,君子尊重差异,是为和而不同,而小人孤偏好斗,是为同而不和,从而进一步阐明和而不同所蕴含的差异性统一的道理。在中华民族发展历史中,在差异中求和谐,在多元中求共生,亦受到了古代先贤的推崇和赞赏。在新的时代背景下,我国自觉吸收古代帝王先贤"和而不同"的思想智慧,强调尊重人类文明多样性,并在此基础上进一步提出"聚同化异"的时代理念和文明交流互鉴观,从而给予传统和同之辩以时代应答。

第三章 优秀传统文化传播的基本依据

优秀传统文化的内涵是不断发展进步的，新时期优秀传统文化传播有着深厚的理论基础，优秀传统文化传播也要与时俱进，做到全面具体。本章分为理论依据、历史依据和现实依据三个部分，主要包括文化是继承性与创新性的统一、文化自觉理论、马克思列宁主义的传统文化观与文化交往理论、中华传统文化观、弘扬优秀传统文化的现实需要等内容。

第一节 理论依据

一、文化是继承性与创新性的统一

文化的发展是变和不变的统一，是传承延续和更新发展的统一。文化的生命力在于延续更新，延续是基础，更新是目的，二者如文化前行的两个轮子，缺一不可。文化传承是后人对于前人传统文化成果的认同，要想拓展新的道路、获得新的生命，我们后辈就必须善于创新，让我们祖先的文化结出新的果实。因此，文化创新提供了社会前进的动力，只有革除旧的、更换新的，才能让优秀传统文化在新时代焕然一新。

（一）文化的继承性

文化虽然是由生产力和生产关系决定，但文化与经济之间并不是完全复制重合的。这表现为，文化与经济前进的步伐有时不太一致。这是因为，文化具有强大的继承性，并且是可以单独存在的，不一定必须紧紧跟随经济发展。一定的文化观念一旦形成，就会或多或少内化在人的心里，外化为民族文化的传统，成为一种不可低估的文化历史惯性。无论是什么年代的思想文化，都离不开过去的人所形成的观念。人们总是在"直接碰到的、既定的、从过去承继下来的条件下创造"，这是因为我们的生活会受到整个文化环境的影响，总是通过口口相传、书籍文字等形式，从祖先那里学习哲学、艺术、技艺等，在学习的基础上融入自身的思考，从而让传统的东西有新的展现形式。如今的文化环境是探究追寻新文化的基础。没有文化的延续，就没有更高层次的飞跃。

（二）文化的创新性

文化不仅包括既定的文化成果，也包括创造文化的动态活动过程，它不是僵死的、凝固的，而是具有活的灵魂的生命体。文化虽然具有一定的稳定性和继承性，但也会根据人们在不同时代的实践活动的改变而不断进行补充和创新。

这种创新从内部来看，是生产力进步和社会发展的结果。正如马克思主义唯物史观提出的：物质生活的生产方式制约着整个社会生活、政治生活和精神生活的过程。当经济发展方式在一个社会发生改变，社会历史向前发展时，社会的个体成员会以新的方式面对自己所生活的环境。那些继承并依赖传统的人就会结合自身时代发展的特征以及群众的精神文化需要对传统文化进行补充和完善，文化传统就会发生转化和创新，但这种转化创新通常以渐进的方式发生在文化各个组成部分的内部。

从文化创新的外部条件来看，一是由于文化的沟通交往，二是由于文化的冲突、对撞。文化的沟通交往，一方面指一种文化与另一种文化之间的来往，即使在同一文化系统中，也会因地域的不同出现区别。不同地域、民族文化的比较交流会影响文化的形成发展。中华优秀传统文化不是汉民族一个民族创造的，而是多民族广泛交流而最终形成的。另一方面指不同文化之间的交流与比较，也就是国际上不同文化传统之间的比较与交流。不同文化之间的交流引起的文化变迁有增加、融合、涵化、综合这几种结果。但对其他文化的吸收借鉴是有选择的，只有适应本地自然与人文环境、能与本民族文化相契合的文化要素，才有可能被选择吸收。

文化的摩擦、矛盾可能发生在一种民族文化中，也有可能发生在两种文化之间。而这种矛盾冲突会打破旧的文化结构，使文化在吐故纳新的基础上进行新的整合，甚至会在外来冲击下发生突变。一般来说，能够有力打破原有文化结构的一般是代表着先进生产力、符合时代特征的先进文化。但是，面对外来的先进文化，不能照搬照抄，必须保持本民族文化的主体性，否则就会丧失民族生存的根基。

综上所述，文化具有一定的稳定性和继承性。稳定是其重要特征，但稳定不意味着静止、停滞，否则一种文化对现在和未来的影响便无从产生。文化的稳定性是与可塑性、流动性、创新性辩证统一的。一种文化或在内部动力推动下发生缓慢变化，或在与外部环境的交流冲击下发生突变，但无论是渐变还是突变，文化总是在创造中不断前进，是一个形成传统和不断向新的传统转化的过程。我国古代思想本身就是一种文化，具有文化动态存在、不断创新的特点，因而，其弘扬不仅要继承，还要在实践活动中创新、发展，才能不断更新进步，从而永远朝气蓬勃。

二、文化自觉理论

文化自觉理论最早由费孝通先生提出，他认为，生活在一定文化背景下的人应该了解自己的文化。文化自觉不是一味地从旧，而是要顺应新的时代背景，让文化适应新的时代环境，随着时代的进步而不断进步。同时，还要充分发挥新时期文化的积极影响，让优秀传统文化推动社会的进步和发展。基于这一理论，优秀传统文化传播也应如此，要在新时期的背景之下，赋予优秀传统文化新的时代意义，结合实际生活，给予优秀传统文化鲜活的生命力。

传播优秀传统文化是一个艰巨而复杂的过程，并非在短时间内就可以见证成果，这需要我们共同努力。文化自觉是让受众热爱本民族优秀传统文化的关键，能够让受众认可并且吸收内化铸就自身的精神境界。首先是在学习中，能够自觉主动去认知优秀传统文化要素；其次是让受众能够感受到自身处于优秀传统文化的包围中，体会优秀传统文化蕴含的观念和情感；再次是能够对不同时代、地区、民族的文化进行区分，理解、尊重多元文化；最后是在上述条件基础之上，立足于当下和未来的发展需要，对文化做出独立客观的判断，传播优秀传统文化，树立文化自信。

三、马列主义的传统文化观

马克思、恩格斯以及列宁关于文化建设的思想和相关实践，为优秀传统文化传播奠定了理论基础。

（一）马克思的传统文化观

文化是在一个国家、一个民族长久的发展过程中形成的，它相对比较稳定，对民族的长治久安意义非凡。马克思曾提出，各民族的精神产品成了公共的财产。民族的片面性和局限性日益成为不可能，于是由多民族的和地方的文学形成了一种世界的文学。文化是上层建筑的一个组成部分，在国际关系中也往往发挥着特别的作用。马克思指出，不是人们的意识决定人们的存在，相反，是人们的社会存在决定人们的意识。文化交流的方式不是一成不变的，而是在不断发展变化着的。科技的发展直接影响文化交流的具体内容。马克思说，"已成为桎梏的旧交往形式被适应于比较发达的生产力，因而也适应于进步的个人自主活动方式的新交往形式所代替"[1]。对于文化的作用，马克思指出："语言和意识具有同样长久的历史；语言是一种实践的、既为别人存在因而也为我自身存在的、现实的意识。"[2] 文化在调解人与人之间、国与国之间的冲突与纠纷方面往往具有特别的作用。相比政治和经济，文化更加隐蔽、更加长久，形式也更加多样化。

马克思、恩格斯作为伟大的马克思主义者，不仅为世人留下了大量的哲学、政治经济学及科学社会主义等著作，也在部分著作中提及文化理论。其在文化领域的主要观点有：第一，揭示了文化与经济、政治之间的关系。民族文化是社会生产力变迁的结果，它总是来源于特定的经济基础。作为一种上层建筑，文化深受经济与政治发展的影响，深受生产力与生产关系的影响。物质生活的生产方式制约着整个社会生活、政治生活和精神生活的过程。第二，文化有其自身的发展

---

[1] 马克思，恩格斯.德意志意识形态[M].中共中央马克思恩格斯列宁斯大林著作编译局，编译.北京：人民出版社，2018.

[2] 同上。

规律和相对独立性。经济上落后的国家在哲学上仍然能够演奏第一小提琴。文化的发展不一定与该国经济的发展同步，一个国家即使经济不发达，也可能孕育出丰富多彩的文化。第三，劳动是一切财富和一切文化的源泉。人们在创造历史的过程中，是在既定的、直接碰到的、从过去继承下来的条件下创造的，并不是随心所欲的，要将文化的理论与实践和历史的观点联系在一起。马克思、恩格斯的文化理论以历史唯物主义为基本立脚点，在文化的理论中加入了实践的观点，具有鲜明的科学性与实践性。

关于传统文化观，马克思并没有进行集中表达，而是散见于他的一系列论著中。1851年，马克思在《路易·波拿巴的雾月十八日》中写道："一切已死的先辈们的传统，像梦魇一样纠缠着活人的头脑。"[1]这段文字较为充分地展现了马克思对传统文化在社会发展和个人成长中的不可抛弃性的认可与肯定。1878年，恩格斯在《反杜林论》中强调："平等的观念，无论以资产阶级的形式出现，还是以无产阶级的形式出现，本身都是一种历史的产物，这一观念的形成，需要一定的历史条件，而这种历史条件本身又以长期的以往的历史为前提。"[2]借助这段文字，恩格斯重申了马克思所坚持的历史和文化传统不可抛弃的观点。1881年，马克思在《给维·伊·查苏利奇复信草稿》中写道："现代社会所趋向的'新制度'，将是'古代类型社会在一种更完善的形式下的复活'。因此，不应该特别害怕'古代'一词。"[3]这段文字同样展现了马克思主义对传统的认同。1932年，马克思、恩格斯在《德意志意识形态》中写道："一切划时代的体系的真正的内容都是由于产生这些体系的那个时期的需要而形成的。所有这些体系都是以本国过去的整个发展为基础的，是以阶级关系的历史形式及其政治的、道德的、哲学的以及其他的成果为基础的。"[4]以上论述都充分表现了马克思对传统文化的肯定态度，主张不能

---

[1] 马克思.路易·波拿巴的雾月十八日[M].中共中央马克思恩格斯列宁斯大林著作编译局，编译.北京：人民出版社，2018.

[2] 恩格斯.反杜林论[M].中共中央马克思恩格斯列宁斯大林著作编译局，编译.北京：人民出版社，2018.

[3] 马克思.给维·伊·查苏利奇的复信[M].中共中央马克思恩格斯列宁斯大林著作编译局，编译.北京：中央编译出版社，2012.

[4] 马克思，恩格斯.德意志意识形态[M].中共中央马克思恩格斯列宁斯大林著作编译局，编译.北京：人民出版社，2018.

与传统文化割裂。同时关于继承传统文化的正确方法，马克思也提出了"扬弃"而不是抛弃的正确主张。马克思主义的文化观是历史的、批判的，体现了科学和革命的统一。

由此可以看出，马克思和恩格斯主要从以下4个方面来论述文化观点：第一，运用唯物史观分析文化产生的根源以及文化发展规律。指出文化是伴随人类实践活动产生的，这个过程是动态的、有条件的。人类客观现实的经济活动决定文化的形成方式。第二，强调了文化对于经济社会发展具有推动或阻碍的作用。第三，从民族性和阶级性两个方面分别论述了文化的特性。马克思、恩格斯认为，不同民族形成了各具特色的本民族的文化内容，他们以俄国为例，通过分析俄国文化的二重性，强调落后国家建设先进文化的重要性，即各国统治阶级要重视民族文化的发展，传承优秀的文化成果，并且借助各个民族文化交流，使文化成为世界性的公共财产。强调文化是统治阶级意志在文化领域的反映，因此在批判资本主义经济时不能忽略资本主义文化，在无产阶级运动和革命中要加强具有先进性的无产阶级文化建设。第四，重点论述了文化的价值作用——实现人的自由全面发展。人通过文化的熏陶和培养进而提升文化素质和自身修养，最终成为全面发展的人。彼时，人与人、人与自然、人与社会之间的矛盾和冲突可以有效化解，社会关系会更加和谐。

（二）列宁的传统文化观

列宁作为一名伟大的马克思主义者，同样就文化建设这一主题留下了诸多自身的理解与思考。列宁结合俄国革命以及国家建设对马克思和恩格斯的文化思想进行了发展，其对文化建设的主要观点如下：第一，列宁认为文化需要批判继承，强调建设无产阶级文化要在充分了解文化的基础上进行批判继承，以满足国家发展的需要。第二，肯定了文化领导权的问题，明确了文化领导权对于无产阶级进行革命而言非常重要，因此必须牢牢把握文化领导权。无产阶级在建设文化的过程中要以本民族的优秀文化为基础，兼采全世界优秀文化中的社会主义成分加以改造。坚持共产党对文化工作的领导权，不仅有其历史必然性，也有重大的价值意义，一方面可以改善俄国文化发展落后的局面，另一方面可以避免受到资产阶级文化等旧文化的影响,从而为无产阶级文化提供良好的发展空间。第三,对于文化建设提出了一系列措施。比如,加强对国民的教育,特别是社会主义理论教育;加大教育经费投入力度;通过加强道德原则建设逐步完善社会主义道德体系等。坚持发展国民教育,列宁的这一观点主要是基于当时俄国的现实国情而提出来的,当时的俄国民众识字率较为低下,为此,减少文盲、推动国民教育发展便迅速提上日程,需要保证足够的教育经费,需要提高教师的待遇和地位。第四,文化建设是一个循序渐进的过程。文化建设切忌急躁冒进,这是由文化发展的复杂性与俄国当时的文化现状所决定的,因而需要以批判和继承的眼光看待人类历史上一切优秀的文化成果,要充分了解人类全部发展过程所创造的文化,并对这种文化加以改造,才能建设无产阶级文化。

列宁的"灌输"理论是在马克思、恩格斯的相关思想基础上发展而来的,具有丰富的理论内涵。在列宁的著作中,"灌输"理论有大量的论述,但第一次系统的论述是在《怎么办?》一书中。列宁认为进行灌输要重视理论基础,因为"没有革命的理论,就不会有革命的运动"。在社会主义运动中,斗争除了政治和经济两种形式,还有理论的斗争,需要三者之间相互联系与配合进行斗争。列宁认为在资产阶级意识形态与社会主义意识形态中是没有第三种意识形态的,巩固社会主义意识形态是非常重要的。但"工人阶级单靠自己本身的力量,只能形成'工联主义'的意识",因为工人阶级的活动都是自发性的运动,社会主义意识不能自发产生,要想让工人阶级具有社会主义意识,扭转被动的局面,只有由外向内进行社会主义思想的"灌输",使他们掌握科学的方法论,进而发展政治意识。总之,在当今,列宁的"灌输"理论也并不过时,科学地借鉴"灌输"理论有助于新时期优秀传统文化的传播,发挥优秀传统文化的育人作用,引导和帮助人们树立正确的价值观念。

优秀传统文化的传播就是正确地认识并继承马克思主义的传统文化观,深刻地认识到任何一种意识形态的形成都是建立在历史的基础上的。这种基础作为一种无形的社会力量,潜在地决定个体的选择和社会的共识,对人民的社会行为进行约束和管理。新的文化和意识形态一定是脱胎和萌芽于传统文化的。同时,我们也要认识到,文化的内核和基因是不可抛弃的,但是其腐朽破败、不与新的物质基础和社会形态相适应的外在形式是要批判和抛弃的。对传统文化批判地继承，就是用历史和辩证的观点，对一切有益成分进行保留和转化，同时抛弃一切封建成分，将继承和割裂统一起来。优秀传统文化传播也是真正在唯物辩证法意义上实现了对传统文化的"扬弃"。马克思对传统文化的"扬弃"做出了精确概括："扬弃"是把外化收回到自身的对象化运动。这句话对"扬弃"做了内在要求，即要抛弃外在的形式，对传统文化的精神内核进行保留和提炼。对优秀传统文化的传播把中华优秀传统文化视为新时期社会进步的条件和发展的文化基础，在继承和发展中华文化的实践中实现了中国化的"扬弃"，马克思主义传统文化观为优秀传统文化传播提供了进行传统文化转化和创新的正确路径，具有十分重要的指导意义和作用。

四、马克思文化交往理论

马克思科学预见了全球化和世界一体化的社会发展趋势，指出"世界普遍交往"的形成是社会发展的重要条件。运用马克思的世界观和方法论可以在一定程度上为优秀传统文化传播扫清障碍。

"交往"是马克思世界历史理论发展过程中的重要概念。马克思和恩格斯在《德意志意识形态》中，研究市民社会形成和发展，并在对其进行梳理的过程中，首次使用了"交往"这一概念，并将此概念作为描述人与人之间物质与精神等共同活动所产生的相互接触的复杂而又多元的过程。在马克思、恩格斯看来，"在生产力发展到一定阶段上的一切物质交往"主要指以物为主要媒介，从而衍生发展的一系列人与人之间交往的关系。"观念、思维、人的精神交往"则更加侧重于人与人的精神层面的交往，即观念方面的交往。"交往"离不开生产的发展，一个民族与其他民族的关系，以及这个民族本身的整个内部结构也取决于自己的生产以及自己内部和外部的交往的发展程度。也就是说，人们的交往离不开生产，随着生产的发展与扩大，人们的交往将不断深入。随着生产力水平的不断提高，从人们之间的"交往"再到"交往的扩大"，并逐步发展为"世界普遍交往"，这一前进趋势标志着"历史"的突破，并形成了一条清晰的转变轨迹，以往狭隘、孤立的"地域历史"不断前进，逐渐发展为"世界历史"。生产推动交往的发展，交往的不断深入同样带动生产力水平提高，在相辅相成中不断推动人类文明向更高层次发展。

（一）生成基础——物质交往

马克思指出，商品经济时代下的人类交往的前提是商品交往，最终出现了"人的社会关系通过物来实现，人的能力转化为物的能力"的局面。马克思还将交往划分成两大领域：物质交往和精神交往。其中物质交往是基石，精神交往则是物质交往需要所产生的，二者覆盖了人民生产过程中各个领域。人与人之间的交往通过商品和货币的途径得以实现，才促成了普遍的社会物质交往的实现，这也进一步为人类的文化交往做出铺垫。在优秀传统文化传播中，商品交换、基础设施建设和工业产业发展是基础，社会文化的交流与传播在此基础上日益完善，符合马克思的相关文化交往理论。

马克思、恩格斯认为物质交往是精神交往的基础，但精神交往又反作用于物质交往。此外，马克思、恩格斯认为人的本质是一切社会关系的总和，这里的社会关系其实就是交往关系，是人们在相互之间的交往活动（精神交往）中形成的关系。因此，马克思、恩格斯的精神交往论是个体之间的思想、文化、意识之间相互交流的过程，但这种精神交往不只局限在传递信息上，还包括人的抽象性思维、创造性思维与情感意识，也就是人借助语言文字、报刊等媒介，满足主体的精神需求的社会互动。马克思、恩格斯认为，语言、文字、印刷、报刊等载体是精神交往的媒介，这些媒介是由于需要而产生和发展出来的。马克思、恩格斯指出，语言只是"因为交往的迫切需要才产生的"，要经历先"分化"后"融合"这一过程，是精神交往不断扩大的产物。此外，马克思也指出：在接收信息时，"人不仅通过思维，而且以全部感觉在对象世界中肯定自己"[①]。可见，马克思当时也意识到文字交往的局限性，认为进行全面的交往需要调动所有的器官来感受对象，就如同当今的"沉浸式传播"。马克思指出，"当报刊是匿名的时候，它是广

---

① 马克思.1844年经济学哲学手稿[M].中共中央马克思恩格斯列宁斯大林著作编译局，编译.北京：人民出版社，2018.

泛的无名的社会舆论的工具"[①]，认为作为精神交往使用最广泛的媒介——报刊，它就代表着舆论。报刊所代表的舆论是动态的，具有强大的能量，但却并不稳定。马克思、恩格斯反对利用报刊对舆论进行操纵，而是想要通过舆论表达来影响舆论。马克思、恩格斯认为舆论是精神交往的形态之一，宣传也是精神交往的一种形态。马克思、恩格斯指出"斗争是最好的宣传手段"，只要能够动员群众，不管是否与群众本身的意愿相反都是宣传，并且这种宣传的社会行为不是单独存在的，需要与宣传的主体、客体、形式以及当时的社会环境相联系，也更加需要具有历史意义与现实意义的理论内容作为支柱，这样的宣传才有力度。可见，马克思、恩格斯所认为的宣传工作是相关组织机构通过传播理论知识和采用具体的行动，进而对人的思想观念与行为产生实质性影响的一种活动。这种活动所造成的实际影响，也就是宣传的效益。综上，精神交往对精神文化具有重要的促进作用，如今人们也越来越重视精神交往，注重自身精神层面的满足，马克思、恩格斯的精神交往理论为新时期优秀传统文化的传播提供了重要的借鉴意义。

（二）发展动力——生产力与交往形式的关系

早在1846年，马克思在致安年柯夫的信中就写到了"交往"之蕴意，即为了保留文明成果，需要人们在其交往方式不适合实际生产力时，调整他们的社会形式。马克思认为，交往是与生产力存在密切关联的。在马克思的观点中，文化交往是具有能动的反作用的，反过来制约经济的发展，"物质的存在方式是发端，其对物质的存在方式起反作用"。马克思深刻揭示了文化在国际社会合作中的重要性，强调要发挥好国家深厚文化资源的特性。同样，优秀传统文化传播要坚持"文化先行"理念，可以为各国的经济交往创造良好的文化根基，实现高效率文明交流和其他领域的合作，进而形成更宽广的世界市场。

从社会的角度来看，任何交往都离不开社会生产，因此，要选择合适的生产条件以实现物质交往是非常重要的。马克思还强调，各种交往形式的联系在被新的交往形式束缚时，便会改变这种形式。由此可以得出，国家或民族的生产力同

[①] 马克思.1848年至1850年的法兰西阶级斗争[M].中共中央马克思恩格斯列宁斯大林著作编译局,编译.北京：人民出版社,2018.

交往形式之间的矛盾成为文化交往发展的根本动力。随着生产力在不同历史时期的不断变革，文化形式和文化内容也随之丰富，如在我国新民主主义革命时期，人的自由和解放思想推动了社会主义社会的出现，也鼓舞了其他社会主义国家争取解放的必胜信念，不同国家或民族的文化交融在此社会条件下得以发展，文化的交往得以更广阔展开。

马克思、恩格斯关于世界普遍交往的重要论述对当今研究新时期优秀传统文化传播有着重要的价值，他们对于交往的考察以及由此而形成的相关思想也成为马克思科学社会主义的重要立足点。从马克思世界普遍交往的理论角度来看，对于传播的研究应放在整个社会关系的构建、变化所形成的交往系统中进行探究。具体而言，人类的传播活动离不开精神生产以及精神交往，但又不仅仅局限于精神交往，而要将精神生产同与之相对应的物质生产进行有机融合，将生产力的发展纳入传播活动中，从而获得更开阔的视野，有助于对当前国家或社会的传播现状进行研究。因此，以马克思、恩格斯精神交往理论作为解释人与人之间存在着的各种复杂微妙传播活动的理论基础，不仅为现代传播学研究提供了可靠的理论依据和框架，而且突破了行为主义传播学研究中的实用主义倾向。由此可见，马克思的世界普遍交往理论对于新时期优秀传统文化传播的提升至关重要。

第二节　历史依据

一、中华传统文化观

中华传统文化发展经过百家争鸣、经学、玄学、儒释道并行、理学发展愈发深厚，各种思想通过交流、碰撞和借鉴，愈加丰富。此处主要选取三个与当今发展最为密切的思想观念进行简要概括，即从民本思想、德育思想以及和谐思想三个方面论述。

首先是民本思想。史书记载，民本思想大约起源于商周时期，西周时期有"敬德保民"之说，《尚书》中提出"民惟邦本，本固邦宁"，儒家、道家、法家、墨家对于民本思想都有过相关论述。"德治""仁政"是儒家主要倡导的治国理念，

"仁爱""民贵君轻""君舟民水"凸显了民本思想最朴素的哲学意蕴；道家"顺其自然"的思想在政治上的运用主要是指统治者要顺应自然规律以及民心民意，做到因势利导；法家强调"有德泽于人民"，主张重视农业发展，达到民富则国强的目标；墨家思想的核心是"非攻"，警诫统治者要重视百姓疾苦，倡导节俭，反对奢侈浪费，关爱百姓，兼爱天下。

其次是德育思想。尧舜禹时期就存在关于德育的思想，儒家对德育思想的发展在今天仍具有重要的现实意义。"仁"和"礼"是儒家核心思想，主要从修身和践行两个方面培养人的道德观念，"内圣外王"便是如此。个人经过加强道德陶冶，激发内在的自律和自觉，提升个人的道德品性，即达到了"内圣"，在修身的同时，能将天下装于胸怀之中，将建功立业作为伟大抱负，为百姓谋福，这便达到了"外王"的境界。"知行合一"是儒家另一观点，主要论述道德认知与实践之间的联系，强调二者相辅相成。孔子"讷于言而敏于行"、朱熹"知行常相须"就是强调"知行合一"的重要性。古人有关培育道德品质的思想对于当今我国道德建设仍有重要的借鉴价值。

最后是和谐思想。道家和儒家对于和谐思想的阐述侧重点不同，但是都体现了人们对于和谐的向往，道家强调"道法自然"，儒家有"致中和，天地位焉，万物育焉"的说法，这些观点不仅仅指向人与自然之间，更多的是由此延伸至人与人之间、人与社会之间的思考。在不同国家交往时，和谐思想起到了重要作用，孔子倡导"以和为贵"，孟子倡导"以德服人"，二者都表明了中国自古以来在处理民族、国家之间的关系时争取和谐的美好愿景，倡导睦邻友好、和平共处。中国的传统文化思想是精粹，为治国理政提供了重要的理论基础。

新时期的中华传统文化观是基于我国当前发展新环境新阶段、致力于解决当前我国发展过程中面临的新问题，力求打破文化发展的困境，构建以中华传统文化为底蕴和支撑的新型文化格局而提出的关于传统文化的新论述。中华传统文化观包括但不仅限于传统文化范畴，虽然提炼出了关于传统文化的精髓和对待传统文化的态度，以及评价文化创新创造的标准，但是其中的一些方面涵盖了对于社会发展具有共性指导和方法论的意义，是具有重要意义的系统性、战略性文化论述。

当前，我国发展面临经济转型和文化转型的多元复合局面，不断增加文化经济发掘深度和广度是发展的重中之重，同时，我国肩负中华民族伟大复兴和现代化强国建设两方面任务，在国际上也追求建设更加积极正面的国家形象，以上都要求文化为发展赋能，要求传统文化在当代发挥作用。中华优秀传统文化历经几千年沉淀发展，其精神内核和历史形式的搭配具有稳定性和沿袭性，在传统文化发挥当代作用时会起到一定程度的制约和阻碍作用，所以时代催生的传统文化观包含两方面内容：既提炼出了中华优秀传统文化的精髓，又构建了当代文化的评价标准体系，鲜明地展现出新时期中华传统文化观的理论特色。

中华传统文化观以儒学为思想主体，以"仁爱、民本、诚信、正义、和合、大同"为精神内核，并将其他思想理论融汇其中，共同形成了复合型的理论体系。中华传统文化观融汇爱国主义精神和中华民族精神，构建了文化要与时代要求、民族追求、人民需求相统一的文化评价标准。深入分析中华传统文化观有利于加深我们对于优秀传统文化传播的理解。

优秀传统文化传播作为新时期中华传统文化观的具体实践和探索，其对中华传统文化的继承和发展主要体现在以下几个方面：

（1）继承了中华传统文化观的理论逻辑。中华传统文化观的内在逻辑旨在通过阐明对待传统文化的正确态度来实现对传统文化的发展，并在此基础之上阐发了系列与文化相关的评价标准等，实际上就是中华传统文化观的时代探索和具体应用。优秀传统文化在明晰对待传统文化态度的基础上，提出了继承和发展的实现途径。

（2）实现了中华传统文化观的实践逻辑。新时期优秀传统文化的传播运用创新创造思维将中华传统文化观的实践逻辑展现出来。中华传统文化观作为一个文化纲领性理论，主要侧重对于理论的阐释和文化标准的确立，对于实践逻辑的表述过于抽象，而传播作为其理论探索和实践发展的重要形式，通过自身理论逻辑和实践逻辑的表述性阐释，具体展现了中华传统文化观的实践逻辑。优秀传统文化传播坚持走先继承后发展，发展和继承相互统一、互为基础良性循环的实践发展道路，同时，在继承的基础上又有阐发，这表现为创造性地将传统文化发展融入国家发展全局和社会主义核心价值观的培育上，拓宽了中华传统文化观的实践路径，找到了新时期传统文化发展的正确战略定位。

（3）实现了对中华传统文化观的发展。新时期优秀传统文化传播在继承中华传统文化观的基础上，对理论进行了阐述，实现了中华传统文化观的发展。首先，中华传统文化观相对来说是一个总体性的概念性理论，着重说明应该怎么做和为什么这样做。在基础理论的前提下，优秀传统文化传播进行实践探索，立足现在和未来两个实践点，对于当前继承和发展传统文化的态度和未来传统文化发展的定位都做了规划和研判，展现出理论在实践上的周密性和全面性，更多地为传统文化和经济发展、政治建设与社会治理等方面内容加深交流而努力，更多地在实践中探索多学科的交流和融合，最大程度实现中华传统文化观中对于优秀传统文化当代发展的要求和展望。

第三节　现实依据

一、弘扬优秀传统文化的现实需要

（一）涵养社会主义核心价值观的内在需要

核心价值观凝结着民族最集中的精神追求和国家最持久的精神力量，本质上是一个社会品德的集中体现，这种"德"既表现为个人的品德，也涵盖国家和社会的大德。我国所坚持的是具有中国特色的社会主义核心价值观，囊括国家各阶层、各方面，全方位彰显了我国当代社会的道德评判标准和价值准则。优秀传统文化传播着重把握了培育和践行社会主义核心价值观工作的主要方面。

十八届中央政治局第十三次集体学习对于中华优秀传统文化与社会主义核心价值观之间的联系进行了深刻解读，为我们明确了弘扬的目的，就是用优秀传统文化中的精神和理念去培育和滋养核心价值观。比如君子自强、立德修身的自强精神，守诺重信、重义轻利的道义追求，"德不孤，必有邻""出入相友，守望相助"的互爱互助，"先天下之忧而忧"的爱国之心，这些优秀的价值理念已经慢慢内化为我们的民族基因，是我们民族的烙印，成为我们所不可分割的一部分。

中国在现代化建设过程中，要大力加强思想道德建设。社会主义核心价值观是中国人意识标识的集中体现，在全球经济文化激荡以及中国市场经济浪潮的影响下，加强社会主义核心价值观的培养至关重要。中华优秀传统文化中的价值理念为公民思想道德建设以及和谐社会的构建提供了有益启示，有助于培养良好的社会风气，对于筑牢意识形态根基、在新时期铸魂育人、在世界文化中站稳脚跟具有重大意义。

社会主义核心价值观以中华民族沿袭的道德公约为基本、以社会主义共同追求为根本、以符合现代社会需要的形式为主要呈现方式，对人民的社会生活做出非法律性的道德约束。中华优秀传统文化是社会主义核心价值观的精神基础，但其本身并不具有实现转化的自动自觉性，也不能自然地展现出其现代功用，这就需要我们在尊重和延续文化发展自然规律的基础上，不断对优秀传统文化的思想和精神内核进行提炼和浓缩，不断创新文化表达形式，以激发传统文化的时代价值。

中华民族拥有区别于其他民族的精神境界和日常生活中潜移默化、约定俗成的价值观念。培育和践行社会主义核心价值观就是要最大程度上用具有中华民族特色的价值理念反映出整体利益的价值诉求，即"最大公约数"，中华优秀传统文化能同时满足以上要求且其形式易于被民众接受。中华优秀传统文化作为一种思想资源，具有间接性和潜在性，不是取之即用的，而是要进行凝练、转化和创新。中华优秀传统文化并不是以一个独立完整的形态存在，而是存在于大家的行为和生活方式之中，口口相传、身体力行。同时，一些积极的文化元素和民族精神，受历史局限性影响，以一种具有遮蔽性甚至封建性的形式存在着，这就要求我们在面对传统文化时，要打开思路和视野，让优秀传统文化传播的重要理论在推进新时期社会主义核心价值观培育工作中发挥作用。

社会主义核心价值观在"德"的层面对社会生活的方方面面提出要求和准则，虽然不具有法律强制性，但依靠的是"德"的教化和督促作用。那么，激发人民群众血脉里的文化基因，指引人们遵守社会道德公约、时代公约就显得尤为重要。对传统文化进行传播正是通过梳理古今文化的相通之处，用古今有之的"德"为当代人提供"遵道崇德"的行为依据和行为准则。并且在尊重文化发展规律的基础上，使用人民群众便于理解、乐于接受的文化样式，努力实现中华传统美德的时代转化和创新发展，积极调动和激发人们在新时期文化建设和发展中的主观能动性与主体责任感，发挥和尊重人民的首创精神。

（二）提升国家文化软实力的迫切需要

软实力是一种文化和意识形态意义上的吸引力，是世界各国制定文化相关战略和国家整体战略的重要参照。文化软实力不同于经济、政治、军事等硬实力，其影响是潜在且持续的。在当今的国际竞争中，文化软实力越来越成为国家间抢占文化阵地、争夺文化话语权的重要力量。国家文化软实力的提升，需要弘扬优秀传统文化来助力。弘扬优秀传统文化对国家文化软实力的积极作用主要表现为要深入挖掘中华优秀传统文化中强烈的民族特色和具有特异性的精神内质，并用新时期人民喜闻乐见的形式衍生出具有传播力、影响力和竞争力的文化产品，在加深了解和扩大受众的基础上提升人民的民族自信和文化自觉，提升我国文化在国际上的话语权和舆论影响力。

众所周知，要想在国际中站稳脚跟，综合国力必须全面提升。中华人民共和国成立后，早期受到战争影响，我们的重心一直侧重于提高经济发展，在文化建设方面稍显薄弱。经过几十年的齐心协力，经济上我们实现了大发展，人民的生活比以前富足了，对于精神和文化的需求也随之提升。文化作为国家上层建筑的一部分，必须与经济基础相匹配才能更好地实现良性发展，因此我们必须在文化建设上面多下功夫，助力文化软实力的提升。

加强文化建设，提升国家文化软实力，必须从我们的优秀传统文化着手，因为古人对于国家治理、社会治理的有益经验、思想观念、道德规范和人文精神对于今天我们文化强国建设有重要价值。同时，优秀的传统文化也是社会主义先进文化蓬勃发展的精神滋养，今天我们要以建设先进文化为重点，同时将优秀传统文化的魅力通过建设先进文化散发出来，得到充分的表达以及展现，提升国家文化软实力。

文化软实力提升的关键在于扩大文化的传播力和辐射力，而传播力和辐射力扩大的关键在于增强国际传播能力，这使得国际传播能力成为提高文化软实力的一种重要手段和有效工具。增强国际传播能力成为提升文化软实力的关键一环，其承担着文化资源转化的"战略枢纽"功能。

国际传播能力为提升文化软实力提供了内容支撑。内容建设是国际传播能力建设的基础，美国著名的政治学家哈罗德·D.拉斯韦尔（Harold Dwight Lasswell）把媒介内容视为"世界瞩目"的一套东西。传播内容之所以受到世界瞩目，是因为其传播的内容不仅是信息，还包含了文化价值观和道德规范及其由此产生的吸引力。因而国际传播内容建设，应该注重分类筛选国际传播的内容，寻找有说服力的国际传播内容。有说服力的国际传播内容是国际传播能力建设的核心要素，从根本上说，也是文化软实力提升的关键。当前国际传播能力建设的内容生产主要包括全球文化供给和价值共振，全球文化供给主要指供给有吸引力的思想文化和流行文化，价值共振主要指供给有说服力的价值观和意识形态。只有有吸引力的全球文化和有说服力的价值观才能得到更好的传播，才能引起受众的情感共鸣和价值共振。对文化软实力而言，文化资源是它的基础，但并非所有文化都能转化为软实力，只有那些拥有实际生存创造力的文化才能构成文化软实力。可见，文化软实力提升的关键和核心在于文化内容的生产与创新，即文化内容一定是具有说服力的。国际传播能力建设中的内容生产直接耦合了文化软实力的内容生产与创新，从而为提升文化软实力提供了内容选项。在当前的国际传播中，各国以内容建设为前提，与文化软实力的文化资源相融合，有效提升了文化软实力。

国际传播能力为提升文化软实力提供了渠道支撑。研究文化软实力是避免不了传播渠道问题的，文化资源的软实力转化需要渠道支撑。文化软实力源于文化资源，通过各种渠道传播，形成受众的文化认同，进而产生文化实践，实现吸引、感召和影响。正如美国著名国际政治学者约瑟夫·奈（Joseph Nye）指出，依赖于一国拥有的传播渠道，文化通过传播得到认同，才能转化为软实力。特别是在当前的信息化时代，文化的影响力、吸引力和感召力在很大程度上取决于国际传播能力。虽然没有明确提及传播渠道，但文化的被接受程度与传播渠道的发达程度密切相关。然而当前，世界各国正面临着渠道挑战，在国际舆论日益复杂的情况下，渠道建设已经成为提升文化软实力成败的决定性因素。国际传播能力建设正好契合文化软实力提升的渠道需要。国际传播能力建设，就其要素而言，渠道是核心，良好的传播渠道建设是国际传播能力建设的重要标志，有助于应对国际传播的渠道挑战，保障国际传播的正常进行；就其作用而言，国际传播能力是进行全球沟通的能力，沟通能力可以通过选择最合适和最有效的渠道来实现，所选择的渠道成为实现目标的有效做法。当前国际传播的渠道建设，正在拓展传统的传播渠道，积极探索非传统的传播渠道，为文化资源的文化软实力转化提供可供选择的渠道。因而，文化软实力提升离不开国际传播渠道的支撑，国际传播能力建设为文化软实力提升提供了渠道支撑。

国际传播能力为提升文化软实力提供了平台支撑。平台一边连接着产品，一边连接着用户，是产品到用户的中间环节，是国际传播的中枢环节，是推进国际传播能力建设的关键环节。在当前全球信息化时代，伴随着技术进步，国际传播正呈现出平台化的新特点——从单个内容"走出去"转变为传播平台"走出去"，国际传播正在进入依赖传播平台运行的平台化时代。平台化时代国际传播成功与否的核心就是在于对传播平台的掌控，不管是对传统文化传播延伸出去的传统文化平台，还是对以新技术为基础的新型数字平台的统筹协调，更重要的是对全球其他国家传播平台的有效协作，这将成为决定文化内容传播到达率、接受度和影响力的关键因素。平台建设是国际传播能力建设的重要内容，为文化价值观的表达、争论和传播提供了重要场所。可见，文化软实力的提升离不开国际传播的平台支撑，国际传播能力建设为文化软实力提升提供了重要场所。

（三）应对综合国力竞争的客观需要

当前，文化竞争已经成为国际综合实力比拼中重要的一项，中华文化有其独特的优势。我们今天倡导的严于律己、宽以待人、舍生取义、爱国爱家思想都来源于我们的优秀传统文化。正是这些优秀传统文化的滋养，使得我们中华文化能够在世界文化中绽放自己独特的光辉。

当前世界文化之间交流更加频繁，在文化输出中要向世界展现中华文化的魅力、抵挡西方腐朽文化思想对我们的冲击，要依靠我们的优秀传统文化。优秀传统文化是中华民族几千年文化思想的展现，是中华文明的代表性成果，是中国人民的骄傲，也是中国人民文化自信的底气。中华优秀传统文化的思想理念内容丰富，覆盖范围广，道家"道法自然"强调尊重自然、敬畏自然、爱护自然的朴素观念，儒家"和合大同"的和谐理念，法家重法治吏的思想都为今天中国的建设提供了重要借鉴，成为治国理政思想的传统支撑。

提升我国的综合实力，参与国际竞争，我们必须坚持对优秀传统文化的弘扬。今天的中国在向世界展现大国形象，向世界证明我们不仅是经济大国，也是文化强国。我们只有找准中华优秀传统文化定位、彰显自身的文化特色、发扬中华文化的优势，才能促进全民族文化自信的提升，从而增强在国际上的竞争力。

（四）文化产业繁荣的发展需要

文化产业繁荣和文化事业兴盛，需要带有民族特色的文化支撑。当今世界，民族文化的经济实力更大程度地体现在对于第三产业的拉动上，体现在文化产品的衍生和附加值上。这就要求文化产业体现富有民族特色的文化，凸显文化意义上的排他性。中华民族有着其他民族无法比拟的文化优势，保存并发扬这种文化优势是我国当前发展文化事业的关键。优秀传统文化传播有利于我们充分挖掘中华民族文化的潜在优势，打造属于中国本土的民族文化品牌，用创新给文化产业赋能，发展文化多元化产业，促进产业内部的创新改革和提质增效，增强文化领域在市场的整体竞争力。新时期优秀传统文化传播将助力文化事业的持续繁荣发展。

（五）满足人民精神文化的现实需要

对标当今社会出现的新变化，人民也对文化提出了新要求。一方面，现今迭代更新加速的大众传媒给了人民群众更多的文化选择，形式的多种多样和低门槛的获取方式，使得人民群众的文化需求高涨；另一方面，技术的发展和挤压使得人民群众视野中的文化渐渐变得简单粗暴。这就对新时期文化发展和创新提出了时代要求。新时期的社会主义文化不能与中华优秀传统文化优势割裂开来，而是要根植于优秀文化的深厚土壤，将优秀传统文化作为内核，遵从文化发展规律，不断发展壮大；同时，随着时代的发展和受众的变化，新时期的社会主义文化必然要增添许多新时期的内涵和要素，以通俗朴实的文化形式为依托，塑造以优秀传统文化内核为"根骨"、新兴形式为"肌理"的文化新样式，充分满足人民群众在文化层面的现实需要。

共同的文化追求和文化心理、精神品格串联起民族文化共同体，在优秀传统文化的继承创新中整合各个文化要素，通过中华优秀传统文化浸润思想政治教育来强化对人的道德引导，将正向的传统道德文化所倡导的价值理念辐射到现行的自在文化之中，由内向外地改变社会个体的生活习惯、道德意识，以自觉的方式延续传统文化的道德价值，增强民族的文化自觉以有效抵御多元价值取向对本土文化的弱化危机。

文化防御要求坚定的文化自信。在多元共鉴的文化视域中，要想保持本土文化的独立性和传统性，必须消除外来的文化思维对本土文化的"弱化"，要基于本民族自有的价值观念、文化格局和认知方式去审视外来文化，树立传统文化的文化自信来摆正本土文化的主体地位，既不否认外来文化的个别优势，也不无视本土文化的固有价值。新时期的思想政治教育作为主体的文化存在形式，要处理好外来教育文化同传统德育文化的融合关系，要以高度的文化自信进行异质文化之间的交流学习，一方面要始终坚持我国主流意识形态的政治性，秉承"立德树人"的核心理念，另一方面又要广泛运用西方德育文化的育人方法、话语方式和思维方式，在传统育人文化的主线支撑下实现异质文化的高度契合和互补性共通，进而实现在文化核心不变情况下的多元融合、文化互动与价值整合。

传统文化具有民族个性和文化优势，是本民族异于其他民族的身份标识，我们要坚守优秀传统文化的历史根基，树立文化自信以加强思想政治教育对传统文化的本然价值的确认，正确引导社会主体树立文化自信。

（三）既不妄自菲薄，也不妄自尊大

中国传统文化包含内容繁杂，有精华部分——中华优秀传统文化，这是中国几千年来人民智慧以及劳动的结晶，我们要守护和传承；也有糟粕的部分，需要我们辨别之后进行扬弃。即使是优秀的传统文化，也必须以马克思主义为前提，在马克思主义指导下将中华优秀传统文化服务于当今社会的发展，同时，在与不同国家的文化交流中，我们尊重其优秀文明成果，也愿意加强同其他国家文化之间的友好交流和借鉴，取长补短，不会妄自菲薄，也不会妄自尊大。

我国在历史性变革中准确把握了与世界的关系，勇于探索和创新，在外交战略上提出了一系列新思想，文化外交是其中的重要组成部分。党的十八大以来，中国外交活动进入了一个新的历史阶段，统筹国内外大局，客观上要求形成中国特色的大国外交。我国文化外交理念的四字箴言是"亲、诚、惠、容"，这是中国特色文化外交理念的体现，它既是中华人民共和国成立70多年来文化外交理念的升华，也是对优秀传统文化的智慧诠释。只有坚持"亲、诚、惠、容"的文化外交理念，才能更有效地传播中华优秀传统文化的价值观。

第四章 优秀传统文化传播的现状分析

优秀传统文化传播是建设社会主义文化强国的重大战略,并在党的正确领导下取得了一定的成绩。新时期优秀传统文化传播随着传播媒介的更迭与演进也不断出现了新的问题,要认真分析优秀传统文化传播的现状,促进优秀传统文化的有效传播。本章分为优秀传统文化传播机制取得的成绩、优秀传统文化传播存在的问题分析两个部分。

第一节 优秀传统文化传播机制取得的成绩

一、形成由党和政府为主导的领导机制

中国共产党是中国建设一切事业的领导核心,传统文化建设更是离不开党和政府的组织领导。在党的正确领导和科学部署下,我国的传统文化事业取得了巨大成就。各级各部门在党中央的统一领导下,协调配合,经过多年的探索和研究,形成了一套完整的文化建设工作机制,有效地指导着我国的文化事业建设,我国也正朝着文化强国的目标不断前进。

党在长期领导中国革命、建设和改革的过程中,逐渐形成了以人民群众为中心、坚持群众立场的优秀传统,这在文化工作中也同样适用。人民群众是新时期文化的创造者和主体,同样也是优秀传统文化的受众。要积极发挥人民群众在优秀传统文化传播工作中的主动性和积极性,引导人民自动自觉投入优秀传统文化的创造和创新的工作中来;同时,人民群众作为社会最敏感的末梢神经,对于社会的变化和发展反应得更加灵活和迅速,要引导人民群众把对于文化的需求转化

成创新文化的动力，尊重人民发展和建设文化的主体地位，发挥人民首创精神。传统文化"双创"的重要论述，坚持深刻鲜明的人民立场，并且注重调动和发挥人民在优秀传统文化传播中的重要地位和作用。

解放思想、实事求是是我党工作的重要方法，是我们政党对于马克思主义的深刻理解，是对具体问题具体分析的再创造。解放思想和实事求在以往的文化工作中展现出重要的积极作用。在中华人民共和国成立之初，用解放思想打开文化工作的思路，用"双百"方针催生了我国文化建设和繁荣的第一波时代浪潮；之后，通过开展"关于真理问题的大讨论"，彰显了解放思想、实事求是在文化领域的重要作用。在新时代，我们吸取了以往文化工作的宝贵经验，在文化工作中，用解放思想重塑文化工作格局，打开继承和发展中华优秀传统文化思路，创造性地提出了关于优秀传统文化创造性转化和创新性发展的重要理论，并在具体实践中用实事求是的理念指导工作，在对中华优秀传统文化内涵和精神正确理解和研读的基础上，确定创造性转化和创新性发展的标准和尺度。

坚持凸显中华民族特色和中华文化特质，是中国共产党文化工作的本质要求。一方面，我们建设和发展的文化主体就是中华优秀传统文化，体现中华民族特质是本质要求；另一方面，我们发展文化的目的就是要继承和繁荣优秀传统文化，不断提升优秀传统文化实际的影响力和话语权。这就要求我们必须汲取以往文化工作中凸显中华文化特质的工作经验，在具体实践过程中坚持民族性原则。优秀传统文化传播着重凸显民族性，强调在创造性转化和创新性发展的过程中要坚持用中国特色的工作方法，对在现代仍然具有价值的优秀传统文化元素进行广泛发掘和转化性改造；在文化成果的产出上，也要注重凸显中华文化特色，不断生产和创新具有中华民族特色、中华文化特质、中国特色社会主义性质的文化成果，为中华文化融入世纪文化浪潮提供交汇点。还要对中华优秀传统文化与中国精神进行推介和发扬，以文载道、以文传声、以文化人，向世界阐释、推介更多具有中国特色、体现中国精神、蕴藏中国智慧的优秀文化。

二、初步形成优秀传统文化的传播机制

中华人民共和国成立以后，我国采取了各种措施和方法来传播传统文化，现

在已经形成了许多传承、传播方式,除了相关的书籍等文字记载以外,还有配以图像、声音和艺术等多种形式。

文化的发扬与传播一直以来都依靠着各类媒介作为承载工具,随着媒介的发展与变更,先进而有优势的媒介引领着人类历史的发展。随着科学技术的不断进步,计算机、电视机、电脑和手机的普及程度不断扩大,文化的传播手段更加丰富。现在,许多网站、短视频有专门介绍传统文化的知识版块和内容,手机也可以通过网络获取相关传统文化方面的信息。电视节目更是异彩纷呈,如《百家讲坛》就是一档宣传中华优秀传统文化的节目,受到大家的一致赞誉,激起收视高峰,引起了国学热潮。

如今随着短视频时代的来临,作为一种极富生命力的传播媒介形式,它所具有的艺术美学价值和文化传播价值都不容忽视。如同当年电视的广泛使用,在这样的环境下,短视频作为一种新兴的媒介,不可避免地也被赋予了文化身份。

新时期优秀传统文化是短视频丰富的素材库。在当今社会背景下,中华优秀传统文化如何适应现代语境,与现代审美实现更好的交融,一直是很多学者关注的问题。

短视频赋予优秀传统文化新的活力,中华优秀传统文化对于短视频是资源库,短视频又是一条数字化的连接线,将传统与现代连接,将线上与线下连接。数字化的视频特效和虚拟现实带来的视觉冲击、传播和表达门槛的降低、碎片化和快节奏的受众满足等等这些短视频特有的属性,催生了大规模的中华优秀传统文化的粉丝群体。这其中既包括中华优秀传统文化的爱好者,也包括中华优秀传统文化的创新者,这一庞大的群体正将处于沉睡中的传统文化唤醒,也将基于传统对文化做出新的社会实践,尘封已久的文化记忆通过短视频复制、再生产、再重构,开辟出一条新的道路。比如《如果国宝会说话》这一系列短视频纪录片,每集只有5分钟,通过丰富的视听语言手段将国宝拟人化,为观众展现了每件文物背后独特深远的文化精神。一些短视频将中国各具特色的自然景观和生活方式呈现到大众视野的同时,还宣传了许多非物质文化遗产,给观众带来了文化上独特的审美享受。为了宣传中国皮影文化,抖音短视频平台组织了"皮一下很开心"的视频拍摄挑战活动,用户通过自己与皮影戏的动作合拍跳舞等形式发布视频进行挑战，使得此类视频成为当时的"爆款"视频。2018年，抖音联合国内多家博物馆推出了"文物戏精大会"系列创意短视频，在视频中，经过技术处理，长年摆放在博物馆内冰冷的文物被赋予了生命，文物可以开口说话，甚至可以进行舞蹈表演。这些视频打破了时间和空间的限制，与观众形成互动，以生动诙谐的方式让更多的人了解了文物背后的历史和文化。激活了传统文化的生命力，建构价值认同，形成表达的创新和多元化，是短视频必须承担的历史责任。

中华优秀传统文化短视频建构民族认同。"想象的共同体"是由美国著名历史学家本尼迪克特·安德森（Benedict Anderson）在其出版的著作《想象的共同体》当中提出的。安德森在书中对民族做出了界定，他认为，民族是一种想象的政治共同体，并且它是被想象为本质上有限的，同时也享有主权的共同体。安德森认为，印刷资本主义产生是近代民族和国家观念形成的重要标志。这里所说的印刷，在今天其实就是大众传媒，过去通过印刷——书本、报刊等认识世界，建立时间空间观念，有了共同体意识，现在通过电影、电视、短视频等大众传播媒介，让人们理解和强化"共同体"，推动民族团结和社会一体化。从历史上看，"文化共同体"从中华民族诞生起就一直处于稳定发展的状态，而"国家共同体"则是在不断纷争战乱、异族入侵的过程中逐步形成的。随着全球化进程的加快，在多元文化融合碰撞之中，中华优秀传统文化的发展也不应桎梏于传统，而应该是在借鉴优秀外来文化的同时传承优秀传统文化，在新的文化语境下建构新的文化形象。在我国的电影领域，有许多优秀的国产电影虽然也借鉴和展现了一些中国的传统文化，但仍旧存在着电影中展现出的文化与现实中我国真正的民族文化内涵不适配的情况，远看深刻，近看则虚无。所以，具有中国特色的国产电影在全国乃至世界范围内的传播仍旧达不到期望的文化传播效果。在对"共同体"认同的建构中，短视频作为新型的大众媒介能够起到非常重要的作用。比如，日本东京奥运会期间，人们通过短视频回顾我国奥运健儿夺冠的精彩时刻，为我国运动健儿加油打气，进行声援；运动员回国后通过短视频与大家分享运动日常等。在东京奥运会、北京冬奥会等等具有历史意义的事件中，短视频的广泛传播为观众建构了共同的时代记忆。

三、初步形成优秀传统文化的教育机制

近十年来，推进优秀传统文化教育工作日益受到重视。2013年11月，十八届三中全会通过的《中共中央关于全面深化改革若干重大问题的决定》提出完善中华优秀传统文化教育的意见，开启了传统文化教育的新篇章。自此，国家传统文化教育不断对优秀传统文化融入教育提出新要求。2014年3月，教育部印发的《完善中华优秀传统文化教育指导纲要》提出在课程标准的修订中，要增加中华优秀传统文化内容比重。2017年1月，中共中央办公厅、国务院办公厅印发的《关于实施中华优秀传统文化传承发展工程的意见》强调把中华优秀传统文化全方位融入国民教育始终，修订语文等课程教材。2019年12月，中国教育学会制定的《中小学传统文化教育指导标准》指出传统文化课程要有机渗透、融入学科教育。2021年1月，教育部印发的《中华优秀传统文化进中小学课程教材指南》《革命传统进中小学课程教材指南》，要求处理好育人目标与内容形式的关系，从厚植中华文化底蕴、增强民族自豪感、坚定文化自信、做堂堂正正的中国人等育人目标出发，遴选蕴含核心思想理念、中华人文精神和中华传统美德的中华优秀传统文化内容和载体形式；强调处理好共同基础与个性拓展的关系，注重面向全体学生，结合学生年龄特征，明确各学段学生学习中华优秀传统文化的基础要求，同时为学生提供基于兴趣爱好拓展延伸的空间；注重处理好总体要求和学科特点的关系，将中华优秀传统文化进课程教材的总体要求分解安排到中小学各学科。由此可见，传统文化教育已成国策，而且在国家传统文化教育的工作要求中，都指出将优秀传统文化融入课程教学。2022年4月，教育部印发"2022年版课程标准"，增加了更多关于优秀传统文化的内容，尤其是在核心素养的概念界定上，摆在第一位的便是文化自信，要让学生认同中华文化，对中华文化的生命力有坚定的信心。对重大主题教育进行整体规划、系统安排，充分反映习近平新时代中国特色社会主义思想，有机融入社会主义先进文化、革命文化和中华优秀传统文化，全面落实有理想、有本领、有担当的时代新人的培养要求，增强课程思想性。通过文化学习，热爱中华文化，继承和弘扬中华优秀传统文化。此外，在课程的内容上明确了中华优秀传统文化是课程教学的内容之一，在课程的实施中建议教

师引导学生在学习语言文字运用的过程中体会和传承优秀传统文化。

主要体现在学校教育方面，很多学校在小学就开设了思想品德课程，内容大多是古代优秀的思想道德规范，使孩子们从小就接受优秀传统文化的熏陶。教育的方式也是灵活多样，除了一般教授课本上的东西以外，还有其他的类似诗歌朗诵、传统文化知识竞赛与演讲、参观名胜古迹等方式来传播我国优秀传统文化，教育下一代。

优秀传统文化融入学校教育具有以下几个特点：第一，学校教育中优秀传统文化传播的自觉性。自觉性是教师积极自愿地将优秀传统文化融入学校教育中，自主追求优秀传统文化融入学校教育取得更好的效果。即使没有外在的强制要求，教师也能自觉地在学校教育中融入优秀传统文化，这是教师对优秀传统文化的必然性拥有充分的认识之后，能够将其内化于心、外化于行。具体来说，是教师进行教学活动时能够在教学内容、教学形式、教学过程、师生交流、课堂评价等方面，按照自己的意志自主、自觉、自动地进行优秀传统文化教育的渗透。第二，学校教育中优秀传统文化传播的灵活性。在学校教育中进行优秀传统文化传播，不能采取单一、刻板、固化的教学模式，而是需要灵活运用各种融入形式，开展多样的教学活动，这样才能实现融入的自由。毋庸置疑，课堂教学对优秀传统文化的渗透是首要的，教师需要通过对文本内容的挖掘、拓展、延伸，将优秀传统文化与课堂教学结合起来，这是效率最高的方法，但这不是唯一的方法。而且，课堂的时间毕竟有限，课堂的类型也分为新授课、复习课、习题课，每节课的教学重点是不尽相同的。因此，不能在每一节课中都融入优秀传统文化，也不能每次都采取同样的方法。这样不仅会引起学生的厌烦，也会导致教师的疲劳，从而让师生对其产生抵触心理，不利于优秀传统文化的学习。所以，在学校教育中进行优秀传统文化传播要做到灵活，一方面是采用灵活的教学方法，除教师根据课文内容拓展延伸之外，还可以采取翻转课堂模式，发挥学生的学习主动性，让学生自己搜集、整理、讲解优秀传统文化；另一方面是开展多样的教学形式，比如开展优秀传统文化专题课，将优秀传统文化融入第二课堂，开展实践活动等。第三，学校教育中优秀传统文化传播的深刻性。所谓深刻性，是指在学校教育中要深入挖掘优秀传统文化的内涵。优秀传统文化教育要"以增强学生对中华优秀传统文化的理解力为重点,引导学生进一步认识中华优秀传统文化的博大精深、悠久历史及其对世界的意义,提高对中华优秀传统文化的认同度"。优秀传统文化承载了中华民族独特的文化风貌、人文精神、价值取向、思想内涵,其意蕴丰厚,内容深刻,在优秀传统文化传播的学校教育中,绝不能仅对优秀传统文化简单提及、简单了解,也不能为了迎合学生的喜好,只为引起学生的兴趣。而是需要教师和学生在形成基本认知的基础上虚心涵泳,居敬持志,深入挖掘文化背后的核心思想理念、中华人文精神和中华传统美德的主题,品味优秀传统文化的独特意蕴,努力增强学生对优秀传统文化的理解力,最终让学生受其熏陶与影响。第四,学校教育中优秀传统文化传播的一体化。学校教育中优秀传统文化传播,最终是让优秀传统文化与学校教育教学一体化,自觉追求优秀传统文化与学校教学的整合,将优秀传统文化融入学校教育教学的始终。进行教育教学的同时,也进行了优秀传统文化教育,进行优秀传统文化教育的同时又充实了学校教育,从而形成你中有我、我中有你的有机整体。

另外,家庭教育也起到了很好的作用。父母长辈从小就会通过一些小寓言、小故事来教育子女尊老爱幼、孝敬父母、兄友弟恭等等,使孩子自觉地受到优秀传统文化的陶冶,有利于养成良好的品德和性格。

正是经过这些年的艰苦探索和积极工作,我国的优秀传统文化建设才取得了重大进展。

第一,优秀传统文化传播在很大程度上提高了公民的道德素质、素养。近些年,随着我国国力的不断增强,人民迫切需要进行思想上的引导。《新时代公民道德建设实施纲要》(以下简称《新纲要》)指出:"要以习近平新时代中国特色社会主义思想为指导,不断提升公民道德素质,促进人的全面发展。"道德素质是指个体在道德层面的内在基础,通过其认知与行为表现出来,是对个体精神品质的一种衡量标准。公民道德是指一个国家每位公民应当遵循的道德规范的总和。由此总结得出,公民道德素质是指公民作为道德行为主体所具备的稳定的道德素养及道德行为能力,是维护公民社会良性持久发展的精神力量。公民道德素质主要包括以下四个方面的内容:一是社会公德,即公民在社会生活中应当具备遵纪守法、文明礼貌等道德素质;二是职业道德,指公民在职业领域应具备的爱岗敬业、奉献社会等道德素质；三是家庭美德，指公民在家庭中应当尊老爱幼、勤俭持家等；四是个人品德，即公民应当具备正直善良、勤俭自强等道德素质。公民道德素质有以下特点：一是稳定性。道德素质一经形成便具有相对稳定性，很难改变。二是社会性。道德素质是在社会生活过程中形成、发展的，是影响个人及社会发展的重要因素。三是主体性。道德素质是个体在日常学习、实践中有意无意熏染所成，不是千篇一律的，具有主体性。新时期对公民的综合素质提出了更高的要求，对公民自身品格的发展及社会的进步都具有重要的意义。《新纲要》的颁布，进一步明确了新时期公民道德建设的任务，推动了公民道德素质的建设进程。党的十九大报告提出要坚定文化自信，推动社会主义文化繁荣兴盛。中华优秀传统文化中的思想观念及道德理念是民族文化自信的基础与来源，中国特色社会主义文化思想作为习近平新时代中国特色社会主义思想的重要组成部分，是对中华优秀传统文化的继承与发展。在中西方思想文化交流碰撞的背景下，弘扬中华优秀传统文化有助于强化对我国优秀传统文化的认知，坚定社会主义核心价值观，不在思想潮流中迷失自我，提升公民道德素质。中华优秀传统文化是涵养社会主义核心价值观的重要源泉，中华优秀传统文化中蕴含丰富的道德理念，其中关于人格培养、诚信、孝悌、礼仪、爱国等理论，为个体公民道德素质的建设指引了方向，而关于和谐社会的创建、平等自由、公正法治等的相关理论又为公民道德素质的建设提供了培育社会大环境的理论依据。可见，中华优秀传统文化是我国文化建设的精神源泉，为培育公民道德奠定了坚实的文化根基。

对中华优秀传统文化的深入挖掘，可以有效拓展公民道德素质教育的资源，为公民道德素质的建设提供更加广泛而完善的教育内容，并能够结合时代特点进行调整，使其更加贴合现实需要，有助于促进公民道德素质的提升。我国道德教育的历史较为悠久，最早可以追溯到奴隶制社会的夏、商、西周时期。在发展过程中，教育者总结出许多行之有效的教育理念与方法，将其应用到公民道德建设领域，为提升公民道德素质贡献力量。

在众多道德教育方法中，较为突出的有因材施教法、启发诱导法、寓教于乐法、以身作则法。因材施教法是指一切从实际出发，针对不同教育对象的特点，采取不同的教育方法和教育内容，有针对性地对其进行教育。因材施教法较为注重受教育者自身特点，这种教育方法运用在当代公民道德教育中，即深入了解每一位受教育者的年龄、性格、志趣、品德等，根据其实际情况有针对性地进行道德教育，有利于保障公民自身个性的充分发展。启发诱导法是指采取多种方法提高受教育者的学习积极性和主动性，启发其独立思考，能动地掌握教育知识的一种方法。启发诱导法与传统道德教育方法的区别在于，启发诱导法较为注重通过多元形式的启发去调动教育对象的积极性，使其主动地去寻求道德教育理论知识，克服了传统道德理论教育中教师机械化讲解知识，学生感觉枯燥反感的弊端。寓教于乐法指的是采用音乐、诗歌等娱乐性质的形式去进行教育，使教育形式丰富化，更易被教育对象认可与接受，在娱乐的过程中收获教育知识。在我国从古至今的教育过程中，很多教育者都较为注重践行寓教于乐的教育方法，以音乐、书法、戏曲等艺术作品陶冶受教育者的情操，实现教育的目的。以身作则法是指教师与家长以自己的言行举止为孩子做出表率，使教育对象在耳濡目染中养成良好的道德品质。以身作则法是最为常用的一种道德教育方法，在家长、教师及周围社会环境的影响下，潜移默化地对公民道德素质进行规范教育与引导。这些蕴藏在中华优秀传统文化当中的教育方法，是我国历代教育者在长期教育实践过程中总结得出的经验，将这些教育方法与公民道德建设相结合，对我国公民道德建设与教育方法具有明显的扩充作用。

近几年，国内掀起了一股国学热，比如媒体方面，《百家讲坛》开办有关传统文化内容的历史讲座，唤起了社会和民众了解历史和传统文化的热情。"国学热"也可以被认为是"传统文化热"，使中国走向更高的文明关口。"国学热"通过倡导、学习中华优秀传统文化，提升了国民的文化素养，对民众尤其是青年和学生起到了积极作用，使他们树立做人标准，培养爱国、爱家、孝道等传统精神素养。

第二，优秀传统文化传播增强了民族凝聚力和爱国主义情操。中华民族是一个具有强大凝聚力和向心力的民族，这很大程度上源于中华民族对传统文化的高度认同，基于这种认同而产生的精神动力生生不息。民族凝聚力把广大中华儿女紧紧地联系在一起，建设中华民族共有的精神家园，同心同德，随时为民族整体利益献身，升华为爱国主义精神，并深深融入中华传统文化的血液之中。通过中华优秀传统文化的教育和熏陶，我国的民族凝聚力和爱国主义情操日益增强。1998年抗洪、2008年汶川地震和奥运会、2010年玉树地震等都充分显示了中华儿女众志成城、团结一心、互助互济、共渡难关的崇高爱国主义精神和凝聚力。

第二节 优秀传统文化传播存在的问题分析

一、传播的受众方面

优秀传统文化传播在个人层面的主要问题是受众对优秀传统文化认知和行为的不一致、受众需求错位等。受众就是信息传播的接收者，包括各种媒介形式的信息接收者，如报纸和书籍的读者、电视的观众、视频的观看者等。优秀传统文化的受众即是各类优秀传统文化信息的接收者。

（一）文化认知不统一

各种优秀传统文化的信息通过报刊、广播、电视和互联网等媒介进行传播，受众接收这些信息后得到优秀传统文化的知识积累，对优秀传统文化的认知相较于以前有了一定的变化，但在当前优秀传统文化的传播形式下，受众对优秀传统文化存在认同度高、认知度低的现象。很多人对各类优秀传统文化没有更为深入的了解和认知，仅仅是浅尝辄止。不少人表示自己熟知家乡风俗，但对于传统民俗中蕴含的文化精神则没有更为深入的探索。还有一部分城市青年群体，他们对优秀传统文化的认知多局限于书本和"印象式"的了解，依然缺乏对内涵的理解。

中国优秀传统文化源远流长、博大精深、种类繁多，受众长期受到优秀传统文化的熏陶，对优秀传统文化产生了一定的认同感，但由于种种原因的限制，受众对各类优秀传统文化的知识量储备不足，无法产生认知结构上的变化，进而影响对于优秀传统文化的认知。

中华优秀传统文化作为承载文明的基石，积淀中华民族最深沉的精神追求，为中华儿女提供正确的精神指引，理所当然为受众所认同和践行。在知行合一视域下审视受众的中华优秀传统文化教育，可以看出大多数的受众在文化认知和文化行为上，有较高的文化素养，但仍有部分受众对优秀传统文化存在"知"与"行"不一致的问题。思想和行为的关系可以表现为以下四个形式：第一，思想正确，行为发生偏差；第二，思想正确，行为正确；第三，思想不正确，但"歪打正着"，行为正确；第四，思想不正确，导致行为错误。显然，在这四种形式中，思想正确，行为正确的关系是受众中华优秀传统文化教育知行合一的最佳效果和最终目的。

文化认知正确、文化行为发生偏差现象亦称为知而错行，即"知其不可而为之"。受众明明通过教育习得了正确的优秀传统文化知识和规范，掌握了文化行为准则，但在现实生活中明知故犯，有意地为了自己的私欲而做出违背文化认知的错误行为。文化认知正确、文化行为发生偏差一般有两种情况，一种是对优秀传统文化的概念和要求已经了解详尽，但一旦涉及自身利益，与自身安逸习惯发生冲突时，往往采用双重标准，对自己荒谬的行为进行自欺欺人的"合理化解释"，将中华优秀传统文化教育要求置若罔闻。这种现象主要是因为受众缺少对优秀传统文化的敬畏心，仅停留在情感层面，没有充足的动力付诸实践，忘记了知行合一的本来面貌。另一种是受众认同优秀传统文化，也能够积极践行传统文化，但由于自身的判断力缺乏，行为与正确的文化行为背道而驰，难以做到"慎独"。受众尽管认同优秀传统文化，接受优秀的道德品质，但偏好流行文化。对优秀传统文化继承与弘扬，多数受众认为应该主动学习传统文化知识，承担起建设社会主义文化强国的责任，却在行为层面，轻视自己文化素养的提高，放纵自己的行为，文化认知水平与文化行为选择不相称，说明中华优秀传统文化传播的效果尚不理想。

文化认知不正确、文化行为正确是指受众在践行优秀传统文化过程中存在认知断裂问题，其文化行为不是由文化认知支配产生的，表现为知行脱节，没有达到真知的效果。虽然受众践行了优秀传统文化，但没有清晰的文化认知，导致行为实践与理论认知失衡。这种现象多是因为受众受外部环境、社会规范、个人习惯等因素影响，对中华优秀传统文化知其然而不知其所以然，行而不知为何行。"全不解思维省察，也只是冥行妄作。"受众陷入文化认知错误、文化行为正确的表现分为三种：其一，是文化意识的茫然而产生无意识的正确行为。由文化意识茫然产生的行为带有偶然性和非理性，不能判断行为是否正确，这严重偏离了受众中华优秀传统文化教育的本意。其二，有正确文化行为，但没有建立在文化认知和文化情感基础上，而是迫于外在的强制力而不得不为之，一旦失去外在约束，受众的行为会出现反弹甚至变质，必然会产生文化道德失范问题。例如，一些受众在参加优秀传统文化活动中具有良好的行为表现，但活动结束后，文化活动的目的和精神便没了踪影。这种行为并不是出于内心的信念和意志，是迫于某种压力以及从众的心理产生的。其三，受众不知如何去践行优秀传统文化，时常被外部环境所裹挟。如针对文化冲突和文化对立，受众群体能够自由表达自己的文化观点，坚决维护中华优秀传统文化的立场，拥护我国的文化政策，表现出受众爱国的责任与担当。显然，受众文化认知错误、文化行为正确的现象阻碍了受众的文化素质提升，也说明了受众在接受优秀传统文化传播时对"实践出真知"的恒心不足，透露出知行不一的素养缺陷。

文化认知不正确、文化行为错误是指受众没有接受过正规的中华优秀传统文化教育，对优秀传统文化的内容知之不深，没有形成正确的文化价值取向和行为标准。总体而言，受众已经对中华优秀传统文化有了初步的认知，但认知的深度和广度还需提高，仍存在文化认知表面化、理解片面化问题，致使文化行为错误。若受众没有接受完整正确的优秀传统文化的内容，自己没有形成清晰的文化认知体系，那何从谈起文化行为。

受众在文化认知上存在缺失，这也是受众对优秀传统文化认知不正确的主要表现。对中华优秀传统文化内容缺乏整体认知，对文化的概念认识仍处于较为粗浅甚至是混乱的阶段。受众的文化认知正处于从无知到有知的中间地带，处于"似知非知"的转折点上。对优秀传统文化的认识局限于某个领域，对传统中医、戏曲艺术、音律乐器等文化内容都不甚了解。在受众中华优秀传统文化教育过程中，受众不太重视优秀传统文化的内容，对教育的内容模棱两可。诚然，受众只有正确掌握传统文化的内容，才能有文化行为的产生。在保证传授的优秀传统文化教育内容正确的前提下，受众的认知水平和文化理论接受程度不同，所以很难全面地认识中华优秀传统文化。比如，在高校思政课堂上，教学的内容科学合理，但由于受众学习态度不端正,让优秀传统文化停留在工具价值层面,最终的结果就是文化认知的错误。部分受众对中华优秀传统文化盲目无知,与传统文化发展要求越来越远,必然会导致文化行为的错误。

(二)受众需求错位

在优秀传统文化传播中,受众的兴趣度和认同存在需求错位的问题,即受众对优秀传统文化的兴趣度较高,但却存在认同不足的问题。

绝大多数的受众对传统文化的兴趣度较高。随着当前媒介社会环境的不断发展与变化,受众对"互联网+"传统文化的传播的兴趣度很高。移动互联时代,受众接收信息的方式发生变化,互联网为传统文化的发展注入新的活力,传统文化应用成为传统文化信息传播的重要形式。"互联网+"是互联网发展到一定阶段的全新业态,当前其应用领域已经遍布生活中的方方面面,其中就包括优秀传统文化的传播与应用领域。"互联网+"为优秀传统文化传播带来了时代活力,但也带来了一定冲击,所以呈现消极与积极两种方向。受众对于当前互联网优秀传统文化传播呈现积极与消极并存的态度,但绝大多数对"互联网+"传统文化的发展呈积极态度。受众对于"互联网+"传统文化传播积极的态度表明受众对于其发展有一定的信心,逐年增长的"互联网+"传统文化应用用户规模,表明受众对互联网优秀传统文化的关注度逐渐提高,这在一定程度上说明受众对于互联网传统文化的兴趣度提升。

同时,受众对优秀传统文化认同不足。优秀传统文化能够守望过去、反映现在、启迪未来,展示了一代又一代共产党人带领人民群众开创美好未来的现实意义,对人民群众的精神状态有着重要影响。人民群众对于优秀传统文化的感受会随着时代的变化而变化,存在受众对优秀传统文化认同不足的问题。

一部分受众对于红色故事知之甚少,也有受众谈及优秀传统文化时表示日常生活中很少有接触,也没有想要深入了解的想法。受众对于优秀传统文化出现认同不足的问题,对优秀传统文化的传播产生了消极影响,阻碍了优秀传统文化的继承和进一步发扬。

从信息传播和社会环境的变化来看,优秀传统文化传播与受众需求错位的原因主要有以下三方面：一是消费文化兴起。近年来，人民群众生活水平、生活质量迅速提升，物质层面的改善导致精神层面的匮乏，在全球化浪潮的裹挟下，消费文化乘虚而入，对人民群众的思想观念产生重大影响，部分群众忽略对优秀传统文化的深入思考，这部分人认为优秀传统文化所体现的艰苦奋斗、勤俭节约的品质已过时。二是商业气息浓厚。某些地方在开发利用优秀传统文化、建设优秀传统文化产业的过程中，更重视优秀传统文化所带来的商业价值，导致即使受众近在咫尺感受优秀传统文化，也无法留下深刻印象。此外，利用优秀传统文化为主体进行宣传推广举行的活动比赛，商业气息过于浓厚，无法认识到优秀传统文化承载着守望过去、反映当下、启迪未来的现实意义。三是信息单向传播。优秀传统文化的传播主要采用自上而下的宣教模式，这种模式下人民群众成为信息的被动接收者。以教条式的说教进行内容输出，教条式的内容表达降低了优秀传统文化对于受众的吸引力。传播思维的固定化、模式化致使优秀传统文化的整个传播过程距离生活越来越远，缺少和受众的高效沟通和互动，导致受众时间和空间上与优秀传统文化的距离过大，由此产生了优秀传统文化传播的受众需求错位。

  在优秀传统文化传播中，个人层面除了存在上述两个方面的问题外，还存在以下问题：海外受众也是优秀传统文化的直接接受者，受众的文化需求影响对外传播的文化供给。我国对外传播重视分析受众，但是长期以来对受众的研究缺乏系统性，导致对受众了解不足，进而文化供给的质量降低，优秀传统文化输出效果减弱。虽然强调文化对外传播要内外有别，但优秀传统文化"走出去"过程中还是存在习惯使用国内传播方式的现象，这种不科学的传播方法不仅不会达到预期效果，相反可能会降低国外受众的好感，使中华优秀传统文化对外传播的效果大打折扣。中华优秀传统文化对外传播的对象是海外民众，其与国内受众在文化背景、价值观念等方面存在差异，不易对本地域、本民族的文化作品产生共鸣，如果对国际受众还一味地使用对内文化传播方式，则可能会加重海外民众对中华优秀传统文化的抵触。所以，优秀传统文化对外传播方式一定要与对内文化传播方式有所区别，要根据不同国家情况有针对性地制定策略。优秀传统文化对外传播中有"大杂烩"式的传播问题，即不考虑不同层次受众需要的是什么，也不考虑不同层次受众的接受水平，就将不同层次的优秀传统文化抛给海外受众，这违背了以人为本的原则，模糊了受众的定位，降低了受众对中华优秀传统文化的期望值，还会导致海外受众对中华优秀传统文化产生误解。各个国家之间相互联系，但同时又是独立的个体，不同国家的受众对文化、价值观念的了解和接受度也是不同的。所以，中华优秀传统文化对外传播要细分各个国家的受众群，必须把握受众个性和文化需求，有针对性地传播文化内容，跨文化交流中采用因地制宜的方法才能不断拉近与海外受众的文化和心理距离，有效推动中华优秀传统文化传播。

二、传播的主体方面

优秀传统文化的传播主体未能肩负起主导作用，导致受众对于优秀传统文化的认知表现出了局限性，当然这其中也有受众自身认知局限的原因，但是主要原因还是优秀传统文化的传播主体缺少传播意识。具体来说，传播主体本应具备责任意识和担当精神，运用恰当的传播方式传播现实性强的内容，最终目的是让受众能够理解优秀传统文化以及真正认同优秀传统文化，如果不这样做，就会使优秀传统文化和现实生活脱节。目前，利用节假日等时间节点单独进行优秀传统文化传播活动，这就会使受众不能宏观把握优秀传统文化，而正确的路径是应结合优秀传统文化的整体发展脉络，兼顾具体史实以及地区自身文化底蕴来传播优秀传统文化，不断增强受众认知。

优秀传统文化传播存在形式主义倾向，相关传播主体没能深入理解优秀传统文化的传播意义，过于注重形式，将优秀传统文化传播视为表面工作，缺少对于优秀传统文化深层次的挖掘。例如，虽然许多地方的纪念场馆供受众免费参观学习，但是有些传播内容为史实堆积，没有及时根据受众需求以及社会发展变化更新；还有一些爱国主义教育基地，实际使用率不高，主动参观人数少，是对当地红色文化资源的极大浪费。我们应该清楚认识到，优秀传统文化具备教育功能，能够对社会风气起到潜移默化的滋养作用。因此，在对于优秀传统文化进行传播的过程中要摒弃形式主义，改变自上而下的传播模式以及空洞教条的传播内容，要让受众产生共鸣，产生对优秀传统文化的兴趣，只有这样才能和最初的传播目的同向而行。

优秀传统文化的传播主体尚未充分协作，致使优秀传统文化的传播依然存在单向输出的问题。政府政策是传统文化传播的助推器，由政府对传统文化的传播传承进行顶层设计，对传统文化的传承与传播具有重要的推动作用。党的十八大后，政府对于传统文化传承的重视程度逐渐提升，逐渐推出多项有利于优秀传统文化传播的政策。党的十九大报告中强调了传统文化的作用，还提到了媒体和作品传播力的建设。2017年1月，中共中央办公厅、国务院办公厅印发了《关于实施中华优秀传统文化传承发展工程的意见》，提出"文化是民族的血脉，是人民的精神家园"，同时提出，要加大传统文化的宣传教育力度，综合运用报纸、书刊、电台、电视台、互联网站等各类载体，融通多媒体资源，统筹宣传、文化、文物等各方力量，创新表达方式，大力彰显中华文化魅力，实施中华文化新媒体传播工程。这一官方文件的颁布对传播优秀传统文化具有一定指导意义，为当前传统文化的传播带来转机。政府报告中关于传统文化的对策和规划有利于传统文化的传承和传播，对主流媒体和传统文化作品的传播力也有一定的指导意义。随着政府政策的推出，主流媒体对传统文化的报道逐渐增多，关于传统文化的作品也逐渐增多，传统文化传播力逐渐增强。

以政府为主导的单一传播模式当然也有好处，比如能最大限度整合地区优秀传统文化资源，最大限度深入挖掘地区传统文化史料，但难以形成发展合力，传播效果收效甚微。优秀传统文化的传播不能只局限于政府主导，要发展传播队伍，鼓励社会团体和个体参与，凝聚合力，形成传播主体相互协作，开创人人参与、共同发力的局面。同时，各传播主体要明确自身责任，不断提升自身媒介素养，熟练掌握处理信息的能力，重视受众反应，提升业务能力，正确引导优秀传统文化的传播舆论导向。

政府在优秀传统文化传播过程中责任重大，不仅要当好把关人，还要与其他传播主体进行高效沟通，做到互通有无。当前，整个社会文化传播途径由政府进行建构，最终是要做到传播目的的实现，传播效果的体现。而其他传播主体往往是根据政府的意识引领，传播内容也大都为政府发布内容的二次整理加工，这就致使传播内容分散、不统一。因此，应该建立一个统一的平台进行优秀传统文化资源的整合发布，作为其他传播主体的传播内容信息来源，鼓励其他传播主体创新传播手段，加强联系，共同为传播优秀传统文化发力。

三、传播的内容方面

在当前优秀传统文化各类信息传播的过程中，充塞着各种形式的优秀传统文化信息，包括传统文化综合新闻、传统文化政治文章、传统文化深度文章、传统文化理论评论和传统文化采访报道等。首先，纸媒对传统文化深度内容的传播存在优势，如《中国文化报》中对各类传统文化的深入解读。但是，目前在新媒体新技术的冲击下，通过纸媒了解传统文化深度内容的人数比较少，这在一定程度上显示出接受深度内容的受众越来越少。其次，近年来，电视媒体逐渐加大了优秀传统文化类的宣传和报道，并且在传播内容的深度方面有了较大改善，如《中国诗词大会》聘请专家讲解诗词的内涵。但是，电视的局限性在于时间的固定，在快餐文化盛行的当今时代，生活节奏加快，人们很难有精力完整系统地学习其中的知识。再次，新媒体传播信息具有时效性，但欠缺具有深度分析的优秀传统文化内容。最后，虽然当前优秀传统文化信息生产者都是专业记者，但由于自身优秀传统文化的专业水平参差不齐，信息的编辑能力也有较大差异，那些能生产出深度优秀传统文化信息的人只是这个群体的一小部分，而且，当前的新媒体平台承载海量传统文化信息，传播内容的质量难以保证，因此，深度传播是当前传统文化传播的关键。

四、传播的媒介方面

传统媒体传播模式陈旧是优秀传统文化在传播过程中不能充分发挥传播效果的重要原因。在全面推进互联网的时代，本就单一枯燥的文字、图像通过电视、报纸等传统媒体传播已经很难再吸引受众，受众更愿意通过网络、线上活动等渠道来接触优秀传统文化，也很少有受众特意以线下实地考察的方式对优秀传统文化展开细致的了解。传统媒体依然是优秀传统文化传播的主要手段，加以电影话剧、讲座展览、活动比赛等形式，但优秀传统文化传播范围和受众仍旧局限性很强。

面对新型社交媒体海量的信息内容,优秀传统文化以文字、图片以及视频等单一的传播形式,已经不能适应新型社交媒体传播形态,不能引起受众广泛传播与参与,受众也难以产生共鸣。这是由于传播者没有掌握新型社交媒体传播的特性,不能将优秀传统文化传播内容与受众特点更好地结合起来,选择合适的传播形式。甚至有的传播者片面地注重形式,反而忽视了内容本身的重要性,致使优秀传统文化内容与形式彼此脱节。

目前,优秀传统文化受众主要通过微信微博、短视频平台、旅游参观来接触感受优秀传统文化,而其他如影视作品、线下活动方式接触较少,说明优秀传统文化传播主体对创新传播方式手段运用不够,导致优秀传统文化新媒体传播影响力有限。

在优秀传统文化传播的过程中,应该充分重视年轻群体的精神需求,兼顾中老年群体,实现传播受众全覆盖。掌握年轻群体习惯使用新媒体渠道获取信息、被动接受优秀传统文化的现实情况,改善信息闭塞、传播渠道限制问题,积极借鉴吸取国内其他地区传播优秀传统文化的经验教训,集合传统媒体与新媒体平台优势,拓宽传播渠道,了解受众需求,适应社会发展,提高优秀传统文化的整体传播能力。在如今"沉浸式""立体式"传播时代,优秀传统文化单一的传播媒介不能将受众简单地聚合起来,形成自己忠实的追随者,满足不了受众对于情感大于理性的多种心理需求。传播者要针对不同的受众与不同的传播环境采取不同的传播形式,要充分利用微博、抖音等新型社交媒体,采用新技术、新载体与新形式,提高受众参与优秀传统文化传播的积极性,增强优秀传统文化在新型社交媒体的有效传播。

五、传播的人才方面

近几年,主流官方媒体不断地推行积极向善、具有正确导向、贴近受众生活的网络文化,以正面声音抵抗不良网络意识形态舆情。新型社交媒体的"去中心化"特征,使每个人在传播渠道都有话语权。网络中各类信息混杂其中,真假难辨。有的地方优秀传统文化的传播虽然集中在官方媒体,但没有优秀传统文化的专门微博账号,也没有优秀传统文化的垂直化内容,更没有专业人才队伍来进行运营引导。所以，随着互联网技术要求越来越高，新型社交媒体呈现的"去中心化"特征，使得专业人才不仅需要熟练运用新媒体技术，也需要具备更高的综合能力。但目前相关专业人才匮乏，究其原因是相关人才培养的匮乏。优秀传统文化专业传播人才的培养渠道相对狭窄，内容缺乏创新，忽视了专业人才队伍创新思维、专业性以及更高的道德标准的培养，导致传播者仍然存在着素质不高的问题。传播人才队伍建设缺乏多元性。新型社交媒体的产生，转变了原有的传播方式，但优秀传统文化的传播仍然集中在官方媒体当中，没有更好地利用具有一定影响力的网络意见"领袖"。

在传播过程中，传播者的素质对内容质量有直接影响。当前宣传传统文化的传播者以非专业人士为主，专业型人才的数量较少，欠缺专业性。各类媒介在传播传统文化内容时，邀请专业性人才作为信息传播者的情况较少，信息的传播者大多数为非专业性人才，他们对传统文化仅仅是书本和印象的了解，属于浅层次的认知，传播者对优秀传统文化内涵和意义的深层次认知不够充分，与普通受众的区别不大。优秀传统文化传播内容较多，传播人才的专业性较弱，总体来说当前传统文化传播的专业性传播人才匮乏。

人才资源短缺和结构失衡始终是制约一个国家文化产业发展的重要瓶颈，当前我国文化领域对内容原创人才、复合型管理人才、专业性传播人才等多元化尖端人才的培养孵化不足，人才类型过于固定，始终制约着我国文化软实力的提升。"一带一路"倡议背景下，人才是达到有效互联互通的纽带，是保障沿线各国文化交流的基石。做好充分的人才保障工作，在推进我国文化软实力提升中发挥着不可忽视的作用，有助于真正阐释好、传播好中华优秀传统文化。

目前，我国文化人才培养机制不合理，全面开放性的文化人才严重匮乏，无论是在数量、结构还是素质上都无法满足当前文化建设的需求。一是创新型文化人才缺乏。内容创意是优秀传统文化建设的核心，而具有丰富创新性的文化人才是其中必不可少的一部分力量。现阶段，我国"一带一路"文化建设将重点放在了与其他国家文化产业的交流合作方面，对于国内相关优秀传统文化创造性文化人才的孵化较为轻视，忽视了其创新能力的培养。二是新兴文化产业人才数量不足。优秀传统文化领域人才的专业教学机构缺乏，同时相关人才培养机制有待优化，目前我国高校培养的如演艺会展、动漫游戏等新兴领域的毕业生数量还远远无法满足优秀传统文化建设需求。三是缺乏具有国际化视野的人才。相关优秀传统文化人才教育缺乏符合国际实践的教学内容，致使熟悉国际规则、具有国际视野、擅长国际运作的核心人才匮乏，阻碍了优秀传统文化产业"走出去"。

因此，优秀传统文化人才队伍的培养至关重要，优秀传统文化人才队伍是推动优秀传统文化传播的重要力量。由于目前优秀传统文化的传播主体太过于分散：一方面，需要完善优秀传统文化人才培养制度，对优秀传统文化专业传播人才进行定期培训，优化人才培养环境，培养传播者主动传播优秀传统文化的意识。另一方面，需要扩大优秀传统文化人才培养范围，有效地为优秀传统文化传承输入人才，增加优秀传统文化的传播力量。

六、传播的效果方面

传播效果的好坏，最直接的体现方式就是受众对优秀传统文化传播的反馈与评价，可直接获取受众最直接、最真实的看法，从而了解受众对优秀传统文化在认知、态度以及行为等层面的变化。目前，优秀传统文化传播效果存在的问题主要是缺乏受众的反馈收集，缺乏统一的评估机制。优秀传统文化传播活动中受众的反馈和评价是对优秀传统文化传播活动开展效果最直接的一种评估形式，是文化活动后续管理的核心。活动结束并不意味着优秀传统文化传播结束，所以收集受众的反馈和评价可以给接下来活动的开展提供更多的参考意见，而目前存在对优秀传统文化传播后期信息反馈工作重视程度较低的现象，没有专门安排人员对受众在优秀传统文化传播后进行评价和反馈的收集。很多优秀传统文化传播活动后，文化活动传播的效果到底如何，并没有一个有效且统一的效果评估机制加以评估。

七、传播的环境方面

古代丝绸之路出现于公元前2世纪，是联系中国和欧亚大陆的交通要道，以丝绸贸易为主，所以称为丝绸之路。然而它不仅仅是一条商务贸易道路，它连接了欧亚非的文明，是东西方文化交流的重要纽带，它使人类文明在不同地域上学习和交流，成为古老中国接受世界其他文明的主要通道。当前，"一带一路"倡议借用丝绸之路的文化符号，同欧亚大陆各国进行政治、经济和文化的交流，在当前的传播环境下有利于彰显中国优秀传统文化的魅力。数字化的传播平台有利于多种文化信息的汇聚、融合，为多元文化的传播提供了便利。当前，经济和政治全球化进程逐渐加快，再加上媒介的作用，各国之间的交流越来越多，文化的交流也变得越来越频繁，这就造就了我国传统文化与多种外来文化并存的文化环境，也就是多元的文化传播环境。这种多元化的文化传播环境，使得各国之间的文化交流日益密切。

当前，我国研究制定了关于文化发展的相关规划，出台了一系列政策，建立了人文交流的良好互动平台，持续推动中华优秀传统文化在全世界范围内的传播。《推动共建丝绸之路经济带和21世纪海上丝绸之路的愿景与行动》中提出，要"传承和弘扬丝绸之路友好合作精神，广泛开展文化交流、学术往来、人才交流合作、媒体合作、青年和妇女交往、志愿者服务等，为深化双多边合作奠定坚实的民意基础"。《文化部"一带一路"文化发展行动计划（2016—2020年）》（以下简称《计划》）指出，"要以'政府主导，开放包容；交融互鉴，创新发展；市场引导，互利共赢'为基本原则，有效统筹全国开展'一带一路'文化建设工作"。《计划》为中华优秀传统文化的传播提供了坚强的制度保障，为"一带一路"文化建设指明了方向，有利于促进沿线各国的文化产业繁荣与文化贸易合作。2017年，中共中央办公厅、国务院办公厅为建设社会主义文化强国，增强国家文化软实力，实现中华民族伟大复兴的中国梦印发文件《关于实施中华优秀传统文化传承发展工程的意见》（以下简称《意见》），为中华优秀传统文化的传播绘制了路线图。《意见》指出，要加强中外文化交流合作，探索中华优秀传统文化国际传播与交流新模式，让更多体现中华文化特色的文化产品走向国际市场。另外，现有合作机制为中华优秀传统文化的传播提供了实践平台。《意见》中指出，要推动中外文化交流互鉴，加强对外文化交流合作，创新人文交流方式，丰富文化交流内容，不断提高文化交流水平。充分运用海外中国文化中心、孔子学院、文化节展、文物展览、博览会、书展、电影节、体育活动、旅游推介和各类品牌活动，助推中华优秀传统文化的国际传播。支持中华医药、中华烹饪、中华武术、中华典籍、中国文物、中国园林、中国节日等中华传统文化代表性项目"走出去"。积极宣传推介戏曲、民乐、书法、国画等我国优秀传统文化艺术，让国外民众在审美过程中获得愉悦、感受魅力。加强"一带一路"沿线国家文化交流合作。鼓励发展对外文化贸易，让更多体现中华文化特色、具有较强竞争力的文化产品走向国际市场。探索中华文化国际传播与交流新模式，综合运用大众传播、群体传播、人际传播等方式，构建全方位、多层次、宽领域的中华文化传播格局。推进国际汉学交流和中外智库合作，加强中国出版物国际推广与传播，扶持汉学家和海外出版机构翻译出版中国图书，通过华侨华人、文化体育名人、各方面出境人员，依托我国驻外机构、中资企业、与我友好合作机构和世界各地的中餐馆等，讲好中国故事、传播好中国声音、阐释好中国特色、展示好中国形象。

　　文化的有机融合是世界文化发展的大势所趋，中华优秀传统文化依靠"一带一路"所带来的便利条件积极对外传播，取得了显著的成效。人才交流合作方面，孔子学院、孔子课堂承载着在全球范围传播中华优秀传统文化的重要使命。在各类论坛、博览会、研讨会等活动中，也对中华优秀传统文化进行了深层次的推广。随着"一带一路"建设的深入推进，我国文化建设自身的复杂性以及沿线各民族间文化的差异性导致文化交流问题凸显，严重影响并制约着中华优秀传统文化的对外传播。

　　当下，我国优秀传统文化在吸引力、扩散力等方面仍有欠缺，自身存在严重不足。

　　第一，优秀传统文化资源虚耗和开发不足。在互联网的泛娱乐化传播趋势下，中华优秀传统文化内涵不可避免地被弱化，失去其本来的内容意义，传播价值受到一定的冲击。同时，按部就班地对优秀传统文化内容进行解读，难免会让人产生一种古奥枯燥、艰难晦涩的刻板印象。另外，我国优秀传统文化在发展过程中也存在资源的开发利用不充分的问题，传统文化品牌数量匮乏、同质化严重、影响力小，缺乏与西方强势文化产业竞争的实力；传统文化产业商业化运作模式不够完善，导致后继力不足，在国际竞争中处在弱势地位；文化生产力发展缓慢，提供文化服务的能力不足，导致了我国文化软实力薄弱、吸引力不够，严重束缚了中华优秀传统文化的传播。

第二，文化领域改革滞后且缺乏创新力。近年来，我国对经济领域进行了多次大刀阔斧的体制改革，与之相比，在文化方面的改革推进较为滞后。当前，我国政府文化职能宏观治理水平不成熟，科学的治理体系不健全，在一定程度上削弱了中华优秀传统文化在国际上的影响力度。新媒体时代下，人人都可以成为传播主体，导致文化传播话语权分散，内容质量参差不齐且缺乏竞争力，公共文化产品与服务资源存在着极大的浪费。新时期，我国文化领域体制改革处于起步摸索阶段，文化产业发展缓慢，究其原因：一是文化资源整合不足。当前，我国文化产业结构规模小且分散、升级缓慢，缺乏特色鲜明且有影响力的文化品牌和文化企业，丰富的优秀传统文化资源难以得到系统有序的整合以及高效的利用。二是文化改革受到经济利益导向的束缚，文化创新的动力和活力不足。三是文化市场对生产要素投入欠缺。由于我国文化市场体系不健全，对最基础的技术、人才、资本等关键要素的投入不够，导致传统文化生产动力不足。创新是文化发展的动力，改革是文化创新的根底。我国在文化领域的改革与创新势在必行，我们应当用发展的眼光看待中华优秀传统文化，寻找新的传播突破点，赋予其独特的时代价值，推动中华优秀传统文化被民众所接受和喜爱。

随着各国文化交往的不断深入，我国在中华优秀传统文化传播上的问题逐渐凸显。一方面，传播渠道过于单一，传播媒介缺乏有机结合。作为宏观性的国家顶层设计，国内媒体对"一带一路"倡议的前景充满信心，报道热度居高不下，中华优秀传统文化借势在沿线国家得到前所未有的传播效果。然而，由于历史以及现实的原因，我国对外文化交流基本依靠政府组织，缺乏社会团体和公众个人层面的主动参与，虽然政府主导可以最大限度地保证文化资源的开发利用，推动我国优秀传统文化走出国门，但是过分强调政府的领导作用，而对民间组织和个人等不同主体间的合作沟通不加重视，也未能整合智库、跨国企业等非政府外交资源，导致我国对外文化传播渠道单一、交流层次缺乏多样性。同时，对"一带一路"报道的侧重点大都集中在经济领域，忽视了对沿线国家历史文化的梳理以及社会现实的总结，导致中华优秀传统文化在传播过程中全球性格局不足，影响力不尽如人意。当前，各种媒体类型均对中华优秀传统文化进行了广泛的报道，传统媒体如报纸，依赖其高质量、深度报道的传统文化内容，仍然充当着不可替代的媒介；电视节目囊括综艺节目、公益宣传片、专题纪录片等各种类型，深入挖掘传统文化内涵，展示各具特色、丰富多样的传统文化知识，如《朗读者》《中国成语大会》等节目，提升了观众对我国优秀传统文化的关注度；依托于互联网技术的新媒体打破了时空界限，已经成为新时期文化传播的重要载体，如国新办、新华网等网站都开设了"一带一路"专栏，开通微博账号、微信公众号等，"每日故宫"等传播特定优秀传统文化知识的手机 App 也应运而生，新华社"一带一路"频道创新推出"VR 全景丝路"，方便人们更加直观地感受丝路风光。但通过进一步分析不难发现，中华优秀传统文化在"一带一路"倡议背景下传播的媒介缺少立体化、全方位的融合展示，存在"扁平化"倾向，互联网、电视、传统纸媒等各自独立，相互之间缺乏有机结合。传播内容上，更多的是对优秀传统文化的简单信息在不同媒介之间进行"复制""粘贴"，内容千篇一律，缺乏深入解读，弱化了优秀传统文化的深刻内涵。另一方面，传播方式及内容未能因地制宜。相关网站上大量关于优秀传统文化报道的叙事手法平铺直叙，文字表达简单直接，语言或苍白干瘪，或严肃古板，缺少文化温度和情感色彩，缺乏感染力。这些信息阅读起来单调枯燥，使传统文化在人们眼中成为"高雅文化"，从而在很大程度上忽视其本身具有的丰富现实意义。

优秀传统文化传播过程中，"维模原理"使得本民族文化对外来文化侵扰起着筛选和自我维护作用。"一带一路"倡议背景下，"维模原理"在一定程度上影响着沿线国家对我国优秀传统文化的认同度，从根本上决定着不同文化相互交融的结果。"一带一路"涉及的文化圈众多，各个文化内部都有自己所尊崇的意识形态、行为规范与风俗习惯，部分民族视外来文化为文化入侵，固守本民族文化的价值观与世界观，排斥甚至敌对不同文化间的友好交流，导致矛盾甚至暴力冲突的发生。此外，我国文化职能部门决策思路不能紧跟时代发展，缺乏有效的文化交流协调机制，在安全问题出现后难以相互配合协作，不能及时做出科学有效的应对之策，遏止其发展态势，文化交流水平有待提高。

丝绸之路作为人类文明交往活动的历史遗迹，见证了中国与沿线国家2000余年的历史文化交流，增进了沿线国家共同的情感交流。"一带一路"倡议背景下，我们要大力挖掘历史文化资源，利用好历史文化遗产，建设好丝路文化项目，打造特色文化交流品牌。

第五章　优秀传统文化传播机遇与挑战

优秀传统文化的传播是一个需要长期进行的系统工程。在传播过程中，既要把握好时代所赋予的机遇，又要认真面对伴随时代发展而不断涌现的挑战，只有以科学的态度分析各种挑战产生的原因，才能为后续的优秀传统文化传播工作找到方向。本章分为优秀传统文化传播的机遇、优秀传统文化传播的挑战两部分，主要包括优秀传统文化传播的内在机遇、优秀传统文化传播的外在机遇、优秀传统文化传播的内在挑战、优秀传统文化传播的外在挑战等内容。

第一节　优秀传统文化传播的机遇

一、优秀传统文化传播的内在机遇

我国在发展实践中不断创造出灿烂丰富的文化成果，为后世留下了宝贵的文化遗产和精神财富。这都在潜移默化中影响着中国人的思维方式和价值观念，塑造了属于中华民族的独特品质和精神风骨，是中华民族集体人格的生动体现。中华文化的实质内核随着中华民族的长期发展而不断彰显，脱胎于优秀的民族文化之中，凝结了全民族长期以来的理想品格，能够充分反映出国家和民族的文化特质和价值取向。优秀的传统文化萌发于中华民族长期的发展实践中，历经时代的洗礼，取其精华，弃其糟粕，不断丰富和更新内涵，是民族文化最优秀部分的凝练和升华，具有鲜明的民族性和时代性。中华优秀传统文化孕育了中华民族的基本精神，塑造了独特的文化特质。同时，对中华优秀传统文化的继承与弘扬必将助推中华文化永葆繁荣昌盛。

二、优秀传统文化传播的外在机遇

（一）我国综合国力显著增强

自从进入 21 世纪，特别是中国特色社会主义进入新时代以来，我国综合国力有了长足的发展，在政治、经济、科技、军事、环境保护等诸多领域，我国都已成为在全世界具有重要影响力且不可或缺的角色。当世界舞台的聚光灯开始为中国点亮，世界的目光开始聚焦于中国时，文化强国的建设也迎来了重要的战略机遇期，在世界面临百年未有之大变局的当下，建设中国特色社会主义文化强国正当其时。中国作为联合国安理会常任理事国，在世界政治格局中的地位举足轻重。近年来，伴随中国综合国力不断提升，中国在国际社会的影响力也逐年加强，一方面中国开始越来越多地发出自己的声音，另一方面世界各国也更加重视中国的态度。在军控、碳排放等事关人类文明生存与发展的一系列议题中，中国的意见与建议被世界上越来越多的国家认可和接受。同时，中国也在尽己所能承担大国义务。为应对气候变化，中国力争 2030 年前实现"碳达峰"，2060 年前实现"碳中和"。中国通过一系列行动向世界展示了一个负责任大国应有的作为。中国在政治、外交领域不断提升的影响力也使得世界各国对中国的关注不断增加，各国在了解、学习中国成功道路的过程中，对于中华传统文化的认识也不断加深，更多外国人开始从文化领域探索中国取得辉煌成就的原因，这为我国优秀传统文化的传播提供了条件，也为文化强国建设带来了机遇。

（二）文化发展受重视程度不断加深

作为国家"五位一体"总体布局中重要一环的文化，近年来受到党和国家的高度重视，发展速度稳步提升，成绩斐然。大量具有针对性的文化政策出台，推动文化领域实现均衡发展；文化产业发展迅速，优秀文化作品不断涌现，推动文化产业向着国民经济的支柱型产业大步前进；公共文化服务体系不断完善，人民群众文化需求进一步得到满足。为进一步引导文化领域发展方向，党中央、国务院出台一系列政策措施为文化建设提供指导思路。仅 2019 年中央各政府部门出台的文化领域相关政策、法规就达 44 份，这些政策涉及文化领域中包含文化遗产保护、旅游服务、党建、乡村及基层文化建设、新兴文化产业、文化宣传、文化总体发展的制度及规划、文艺表演等在内的多个方面。众多文化政策的推出，为文化发展明确了重点，就是在党和政府的领导下，文化领域多方共进、多措并举，实现文化均衡发展，从政策层面为中国文化发展的宏观环境提供了有力的制度保障。

（三）互联网以及新媒体的迅速发展

互联网的快速发展是当今时代的重要特征。自互联网诞生以来，中国一直紧随时代发展步伐，高度重视互联网的发展，尤其是在移动互联网的大幕徐徐拉开后，中国在互联网领域的发展走上快车道。在国家政策引领及巨量网民的支撑下，一批互联网企业不断成长，最终成为具有全球影响力的世界级大企业，引领世界互联网的发展方向。经过20余年的发展，中国在互联网领域实现了从2G、3G时代的学习跟随，到4G时代的齐头并进，再到5G时代的引领全球。如今中国拥有超过10亿人的互联网用户，互联网已经同社会生活的方方面面相连接，一幅"万物互联"的辉煌蓝图已在中国被精心描绘，互联网的新飞跃即将在中国实现。互联网大大提升了我国优秀传统文化传播的便捷程度，并为文化交流提供了更多途径，以自媒体为代表的新媒体的兴起，是移动互联网时代的鲜明特征。信息的发布与传播不再依赖于传统媒体的力量，人人都可以成为信息的发布者、传播者。这样的环境催生了一批优秀的内容创作者，他们通过编辑文字、制作视频，并上传社交网络的方式，分享知识、经历、生活日常，为很多虽心向往之，但身不能至的人打开了一扇认识这个世界的窗口。

我国传统文化有着5000年的历史传承和沉淀，用博大精深来形容我国传统文化的内涵再合适不过。传统文化是中华民族的灵魂，在我国的历史发展中起着至关重要的作用，为我国的发展和进步奠定了良好的基础。在社会经济飞速发展的今天，随着物质生活水平的不断提高，人们的生活节奏也逐渐加快，却在一定程度上忽视了传统文化。受市场经济和社会发展的影响，我国传统文化的传承和传播弘扬出现了明显的缺失。而新媒体的出现为传统文化的传播带来了新的契机。与传统媒体相比较，新媒体的受众更加广泛，而且受众人群的社会活跃程度较高。

所以，利用新媒体进行传统文化的传播，能够在扩大受众的同时保证传统文化在更高层次的人群中进行传播，以此来加强受众基础。另外，利用新媒体对传统文化进行传播，可以使人们认识到传统文化的重要性，从而更加积极主动地接受传统文化的熏陶和洗礼。所以，新媒体时代为传统文化的传播带来了新的机遇。

第二节 优秀传统文化传播的挑战

一、优秀传统文化传播的内在挑战

（一）优秀传统文化的载体尚未充分利用

中华优秀传统文化创新性发展需以载体为依托，文化载体建设作为促使其传承至今的重要动力，需要根据时代发展与变迁，及时地予以更新和完善。文化载体形式多样，物质载体、网络载体以及活动载体等都是其重要表现形式，无论是哪一种，只要充分地加以利用都可以使得中华优秀传统文化发展在最大程度上实现质变与飞跃。然而，文化载体的利用现状不甚乐观，尚未将其优势充分展现，因而其所承担的提高文化自信、推动中华优秀传统文化创新性发展的职责也未充分凸显。

以网络载体为例，随着互联网时代的高速发展，网络载体的地位也随之变得更加重要。《百家讲坛》通过一些专业人士的讲解，将历史变得栩栩如生、引人入胜；《国家宝藏》以纪录片的形式让观众再一次感受到了中华优秀传统文化的隽永绵长；《中国诗词大会》的风靡则让无数中华儿女品味到了古代诗词的独特韵味。这些都是网络载体所具备的优势，但同时也应高度重视其传播效果，尽可能使得每一个以发扬中华优秀传统文化为主题的节目得到广泛的关注与赞扬。如若传播效果不如预期，那么则会使得网络载体不能充分利用。不仅仅是网络载体如此，物质载体、活动载体同样会因各种原因而遭遇未被充分利用的难题，为此需引起重视并努力改善这一现状。

（二）刻板印象下的思维定式

虽然新媒体带动了跨文化的交流，但是不同文化之间的交流实际上并不深入，双方所能够形成的文化理解也相对浅薄和初级。社会公众在对不同文化环境下的文化现象进行理解时，常常会以一种"贴标签"的形式进行认定，通过标签认知的方式来降低文化认知难度。而这种文化认知方式实际上存在一定的片面、刻板印象问题。例如，部分西方国家对于中国缺少正确、全面的理解，仍然将落后、守旧等作为中国文化的标签，导致在与中国进行交流中，表现出一种优越感和傲慢的姿态。部分外国品牌在进行宣传时，更是从片面认知出发，对中国文化和中国国情横加指责，造成了中国人民的极度愤慨。这些问题的出现实际上来源于片面的思维定式认知，其中西方中心主义的思想观念在其中发挥主要作用。

中国传统文化是内涵丰富且具有一定深度的文化形式，但在当前媒介的传播过程中，主要停留在对传统文化原有意义的传播，传播的思维相对固化，缺乏对传统文化深入内涵的挖掘。在当前的传播环境下，传播者只是把简单的传统文化信息呈现到媒介上，缺乏深入且通俗化的解读甚至创新，在这样的传播模式下，传统文化逐渐成为高雅文化，无法被广大民众赏读。在我国互联网技术未成熟发展以前，传统文化的传播相对固定，其传播渠道也十分单一。书籍、报纸等传统媒体，依靠其固定的传播渠道，按照固定的传播流程进行传统文化传播。例如，《中国文化报》仅仅通过报纸发行的形式进行传统文化传播，唐诗宋词等主要通过书籍印刷的形式进行文化传播等。这种单一的传播渠道需要一定的传播成本，并且需要具有传统文化知识的传播者，对接收信息的受众有一定的要求，使传统文化的传播受到限制。传统文化是个不断发展变化的概念，其内涵随着时代的发展不断变化，其内容在传播过程中随着时代的发展而不断变化，具有因时而变、随时代而更新的传播特征。在传播传统文化的过程中，其传播内容需要不断推陈出新，与时俱进地发展传播，不断丰富其时代内涵，以适应当前文化传播传承和社会发展的需要。例如，《人民日报》对传统文化内容的报道紧跟时代步伐，并在文章中深入挖掘各类传统文化的时代内涵，展现传统文化在当代社会的独特魅力和蓬勃生命力。随着时代不断发展与进步，在当前的现代化建设中，提出弘扬文明新风尚的目标。然而对于一些旧的传统文化民俗活动来说，其理念与现代社会的发展理念相悖，对于那些落后的活动来说，媒体要发挥其导向作用，运用社会主义核心价值观来进行引导，彰显时代意义，融入新时代的内涵和价值观念。随着工业化浪潮的推进，地域文化面临市场短缺、手艺失传、传承断层等问题，这在客观上反映出其时代性转化的不足，面对这样的问题进行时代转化也势在必行。

（三）优秀传统文化的精华尚未充分挖掘

纵观整个人类历史，中华民族以自强不息的精神和勤劳勇敢的品质为世界文化宝库增添了一抹亮色，也为本民族的文化自信奠定了深厚的文化基础，而支撑这一切的根基便是中华优秀传统文化。然而，中华优秀传统文化的精华尚未得到充分挖掘，它的价值也未得到完整的阐释与独到的分析，这是新时代背景之下必须加以重视的一大问题。

一方面，文化精华尚未充分挖掘。在当前全球化飞速发展的时代，由于西方文化的冲击，中华优秀传统文化的创新性发展遭到了强大阻力，相当一部分群体在西方文化及其价值观的蛊惑之下，忽略了中华优秀传统文化的魅力，盲目崇拜西方文化，从而导致中华优秀传统文化精华尚未被大众广泛认可。新媒体传播平台优秀传统文化信息量庞大，方便民众查找信息和学习，但是传播内容挖掘不够深入。目前，短视频平台已经成为广大百姓接收和发布信息的重要平台，优秀传统文化容易受到碎片化阅读影响，传播内容往往比较笼统，随意增减和断章取义的现象时有发生，不利于整体把握优秀传统文化的精神内涵和价值意义。除此之外，对优秀传统文化的传播多是革命历史、革命人物、革命遗存事迹或内容的宣传，不能使受众产生体验式、融入式信息获得，并不能让革命文物"动起来"，应让优秀传统文化"活起来"从而带动受众进行价值思考，引领社会思潮。

另一方面，传统文化的价值尚未充分发扬光大。传统文化精华范围之广、影响之深，以儒家、道家、法家思想为代表的传统思想至今仍在发挥着不可替代的作用；以唐诗、宋词为代表的传统文学至今仍在浸润着中华儿女的内心，让其精神世界更加丰盈；以端午节、元宵节等为代表的传统节日至今仍是维系民族精神的纽带。充分挖掘传统文化精华，不仅是时代赋予的重要使命，也是新时代背景之下提高文化认同、增强文化自信的重大举措。

（四）优秀传统文化的传播仍需系统推进

中华优秀传统文化的传播还需要进一步地深化。纵使中华优秀传统文化得到很好的继承与发展，如若文化传播这一环节没有达到预期的效果，也会使中华优秀传统文化的魅力与影响力大打折扣。正视并分析当下文化传播的现状，对于提高文化自信、推动中华优秀传统文化创新性发展大有裨益。

首先，传播范围存在仍需扩大的现象。中华优秀传统文化的传播不只要对内传播，也要对外传播，尤其是在各国文化交流互鉴的国际背景之下，对外传播的重要性更是日益凸显。文化的对外传播不仅是基于本国传统文化现状而做出的现实抉择，更是顺应世界文化发展潮流、丰富世界文化宝库的有力之举。因而，在文化传播的过程中应特别关注对外传播，不单单只是局限于对内传播。

其次，传播方式存在单一化倾向。文化传播既需要官方组织的引导，也需要民间力量的补充。尤其是近些年科技的不断发展，互联网使得全世界俨然变成了一个"地球村"，民间力量的传播能力更需要得到重视。最为典型的例子便是一些美食博主通过视频营造的自然古朴、古香古色的诗意生活于当下生活节奏较快的社会而言，无疑是一种心灵慰藉，从而也就自然而然地让广大网友对中国优秀传统文化的了解更上了一个台阶。从这里可以看出民间力量对于文化传播的推动力是不容小觑的。官方组织的引导固然重要，民间力量的影响力也需多加关注。综上所述，无论是传播范围还是传播方式，中华优秀传统文化的传播都有待进一步地系统推进。

再次，优秀传统文化的传播模式未能满足受众需求。目前，媒体对优秀传统文化的传播参差不齐，传播模式还不能满足广大受众需求，特别是对于像遗址、历史博物馆等具象的场景宣传和红色历史人物和历史故事等，还是沿用传统媒体时代的宣传策略，创新意识不强，多以静态的图片、文字等形式向受众传达信息，与现代受众信息需求不匹配。信息传播多以新闻为主，缺乏吸引力，往往导致宣传效果大打折扣。除此之外，从优秀传统文化的传播语境来看，红色精神、红色人物、红色故事等优秀传统文化的宣传语言较为严肃，学术性强，不利于广大受众接受。

最后，从当前新媒体时代传统文化传播的实际情况来看，虽然比传统媒体时代的传播力度有所加强，但是传播形式还是缺乏创新性。这种情况主要体现在以下几个方面：第一，传统文化节目内容缺乏创新。根据当前的表现来看，虽然传统文化在新媒体的推动下出现各种文化节目，但是实际上节目内容缺乏一定的创新性，甚至出现抄袭的情况，这种情况会造成受众的审美疲劳，从而降低人们的传播积极性。第二，对数字技术的应用不足。目前，新媒体在传统文化传播对数字技术的应用还处于初级阶段，发展并不全面，且应用程度不够深入。所以，在传统文化传播的效果上，新媒体还存在一定的局限性。从经济发展和科技发展的角度来看，传统文化的传播依靠数字技术是必然趋势。

（五）对于本民族文化不够重视

新媒体语境当中，跨文化交流逐渐频繁，文化传播当中除了包括文化内容之外，还有着文化价值观的宣传。一些外来文化通过各种形式的包装成功进入本土市场，并在社会公众当中产生意识形态、思维价值观的全方面影响。在文化认同缺失的背景之下，本国人民对于自身文化难以形成应有的尊重和重视。从本质上来看，对于文化的漠视以及有意为之的文化误读和不尊重，才是导致跨文化交流宣传陷入困境的核心因素。

当下是信息化、互联网的时代，文化与文化之间的交流越来越频繁，人们可以足不出户感受到各种文化，体会到不同文化的魅力，与此同时，外来文化对于青年朋友的思想冲击直接影响到中华优秀传统文化的继承。

（六）优秀传统文化传播趋于商业化

新媒体时代，优秀传统文化多渠道、跨平台的传播，促进优秀传统文化产业的开发，使越来越多的民众接触到优秀传统文化，对于回顾红色革命历史，传扬红色革命人物的英雄事迹，弘扬优秀传统文化精神有着重要意义。但是，优秀传统文化过度商业化的现象时有发生。

二、优秀传统文化传播的外在挑战

（一）外来文化冲击

外来文化入侵不可避免地在一定程度上冲击了我国传统文化。除此之外，对外来文化的商业宣传又使得群众对本国传统文化的关注程度有所降低。导致这类现象的客观原因往往在于经济全球化使各国文化交流与融合不断深入。群众通过互联网便捷地了解到新奇又多元的异域文化，不自觉地便降低了对本国传统文化的关注程度。又因一些传统文化内容和呈现形式相对单一，致使传统文化传承目标难以实现。

在传统媒体时代，信息要经过报纸、广播、电视等专业的媒介机构严格把关筛查才能发布，"把关人"极其重要，使信息具有权威性、规范性和专业性的特点。但是，在新媒体环境中，互联网飞速发展，人人都有麦克风，处处都是直播间，一方面给受众带来了海量信息，各种新媒体平台给民众发表言论提供了广大的平台，对优秀传统文化传播具有积极作用；另一方面，由于"把关人"角色的弱化，导致虚假信息、众声喧哗充斥网络空间，产生互联网乱象。网络信息复杂纷乱，多元文化的冲击，恶搞或篡改优秀传统文化，影响着优秀传统文化的主流价值传播，干扰了优秀传统文化传播的良好秩序。新媒体时代，优秀传统文化更容易受到多元价值文化的干扰，受众易受多元观点侵扰，对优秀传统文化认知就会产生偏差，不利于优秀传统文化的弘扬和传承。

在新媒体迅速发展的时代，数字化平台为文化传播提供了良好的环境，尤其是改革开放以来，我国和世界各国的交流逐渐加强，其中也包括文化的交流。西方文化在我国的传播速度迅猛，对年轻人来说具有新鲜感，所以受到部分年轻人的追捧。这在一定程度上对我国传统文化造成了冲击。随着经济全球化进程的不断加快，人们日常生活中随处可见西方文化的影子，由此便忽视了对传统文化的传承与传播。这一问题应该引起社会的广泛关注，相关部门应积极采取应对措施。

（二）优秀传统文化的数字传播创新性不足

互联网技术的引入在很大程度上推动了社会文化的发展，改变了既有媒介传播形式。近年来，借助信息化手段传播传统文化的方式相对单一，并无较大创新。当今文化传播的媒介和途径往往是网站、App。此类传播媒介使用便捷且易于普及，但在开发运用中缺乏诸如VR、AI等类似技术的实质创新。其文化传播的方式近似于将文化内容在各种传播媒介和平台上进行"复制"和"搬运"。例如，一些文化网站和各类自媒体仅仅将传统文化现象单纯地呈现在网页上，并未针对数字化传播做出任何具体创新。因此，这不仅未能积极促进传统文化传播，反而在一定程度上限制了其发展。

1. 传统文化与数字转化的矛盾

社会思想家阿尔文·托夫勒（Alvin Toffler）曾在《第三次浪潮》中预言，我们将迎来继农业阶段和工业阶段后的第三次浪潮，即信息化阶段。随着现代科学技术的不断发展，托夫勒的预言已经变成现实。当前以计算机技术、数字技术和网络技术所组成的信息化时代里，人们对信息的认知模式、生产方式和传播方式都在发生巨大的变化。在文化全球化的今天，中国传统文化本就处于转型发展的境地，信息化、数字化时代的来临，传播过程发生了很大改变。传统文化的传播正处在一个由数字技术为主的媒介传播环境中，因此传统文化的传播也不可避免地进入数字化传播时代。

现代社会思想家让·鲍德里亚认为，现代是以工业资本主义和资产阶级霸权上升为特征的生产的时代，而后现代则是一个由符号、代码和模型控制的模拟的时代。也就是说，传统文化的数字化传播要经历从现代化到后现代化的转变，从语言和文字到符号的转变。对于传统文化来说，传统文化与数字化转换有一定矛盾。传统文化在我国有深厚的历史现实基础，是几千年来逐渐形成的文化类型，在文化传播中拥有独特的地位。而这种历史进程的发展决定了传统文化具有意象化和隐喻性等特点。传统文化的内涵丰富，其中蕴含着人的复杂心理，具有一定的情感指向性。互联网这种新兴的传播媒介具有虚拟性和交互性等特点，与传统文化难以融合，因此各类传统文化内容在数字化的过程中，传统文化蕴含的那些复杂的心理和情感往往难以展现。各类传统文化网站和App仅仅将传统文化的外在内容以简单信息、图片和视频等形式编辑到网络上，各类传统文化的内容和形式千篇一律，传统文化的真正内涵没有准确表达，受众在网络这种传播媒介的影响下也无法真正体会传统文化的内涵。目前的数字化技术主要服务于传统文化数字化的某一具体的环节。当前我国的数字化系统相对于发达国家来说不够健全，针对传统文化的数字化处理系统并未形成。先进的数字化技术，例如，数字建模和虚拟现实虽正在推广，但在当前传统文化的传播传承中尚未大规模应用。当前数字技术的缺失，导致传统文化的数字化传播程度低，传统文化传播全面数字化还有一段很长的路要走。

2. 传统文化的创新仍需加大力度

新时代背景之下，为推动中华优秀传统文化的创新性发展，仅仅继承并挖掘传统文化精华是远远不够的，时代的车轮不断向前，还要在此基础上进行文化创新，才能让中华优秀传统文化永葆生机与活力。就当下的文化发展现状而言，尽管我国在文化创新方面已取得了诸多成就，但是和其他国家相比仍有不小的差距。

文化创新存在只追求数量不追求质量的现象。这种现象其实是因为在追求经济效益的过程中忽略了文艺作品的社会效益，同样以影视领域为例，如果仅是以收视率、网络点击量以及电影票房等因素来检验一部文艺作品成功与否，无疑是一种狭隘的观点。然而，就当下的文化创作市场而言，此种现象屡见不鲜，为了获得经济效益最大化，往往会造成粗制滥造、同质化严重的后果，这样的现象循环往复，便会对文化创新造成极强的冲击力，严重打压文艺创作者的热情与积极性，因而在文化创作中，质量也是一个需要极为关注的问题。文化创新与文化自信息息相关，不断推动文化创新的过程也是提高文化自信的过程。因此，根据时代发展要求，直面文化创新所面临的问题并对症下药也就变得至关重要。

（三）学校师资力量缺失和教育体系不完善

我们想要从根源上让下一代树立起文化自信就必须从教育入手，但当前的教育体系中对于弘扬优秀传统文化还有一些问题有待解决。中华优秀传统文化的传承与学校教育、家庭教育、社会教育是密不可分的。

首先，在学校教育中遇到的困境是：第一，在文化研究人员的队伍中，传统文化的研究人员数量逐渐减少，这也说明主动学习了解优秀传统文化的人在变少，学校教育中师资力量缺失且教学水平参差不齐，专业水准有待提升。中华优秀传统文化经历了中华上下五千年的历史洗礼,是前人在无尽的探索中保留下来的文化精髓,包含了多层智慧,若没有潜心研究就不能完全领悟其中的奥妙,但现在学校教育大多还是以应试为目的,教师对于传统文化的了解不完善,他们未经过系统专业的研究,对传统文化中的专业知识知之甚少,因此,不能满足传承优秀传统文化教育的需求。第二,专业教师的数量非常少。中华传统文化博大精深,在现代化教育的进程中很少有人能静下心来细致地研究传统文化,在传统文化领域的学术研究成果也少之又少,所以学校的课程设计中有关传统文化的内容屈指可数,传统文化教育需要系统的研究学习,但教师和学生并没有较多的时间去琢磨,这也是传承传统文化不到位的缘由之一。第三,学校课程制度设计不足。我们现在的教育模式主要是帮助学生快速掌握应试理论知识并促进学生能够更好地就业,很显然传统文化的教育并不具备这两种功能,所以中华优秀传统文化教育在学校教育课程设计中未得到重视,学校课程设计的不足导致学生不能较好地接触、了解中华优秀传统文化。学生使用的教科书对于传统文化的学习板块较少,这也就间接导致了青年学子对于我们的中华优秀传统文化不够重视。青年是民族和国家的希望,如若在学校教育中不能唤醒他们对于中华优秀传统文化的重视,中华优秀传统文化的传承将会陷入困境。

其次,在家庭教育中,由于长辈们文化水平参差不齐或存在一些固化的文化错误认知,对于优秀传统文化的了解还有待深入。在普通家庭中,传统文化并没有进入家庭教育的内容规划中,这是现阶段家庭教育中普遍存在的问题。

最后,在社会教育中,虽然国家提出要传承弘扬优秀传统文化,但取得的效果也很有限。优秀传统文化在社会教育中的结构不够完整,未能使人民在头脑中有一个清晰的框架,关于传统文化的宣传十分零散,这也是弘扬优秀传统文化效果不佳的原因之一。

(四)现代科学技术对优秀传统文化的冲击

现阶段,很多地区的宣传手段比较落后,无法激发人们对优秀传统文化的学习兴趣,导致宣传的效果大打折扣。我们回溯历史可以发现,有部分传统文化的生成环境是具有独立性的,对于传承的环境要求也是比较严格的。在以往的条件下，很多传统歌曲、舞蹈、习俗等都是为了维系相应地域人民的情感而产生的，能够让人们在生产生活过程中体会到乐趣。在那种情况下，青年们每天都耳濡目染地接受着文化的熏陶，使优秀传统文化得以传承下来。但随着经济不断高速发展，人们的生产生活方式转变，在现代化的进程中，传承方式需要适应社会的发展才能使优秀传统文化得到有效的传承。在现代人的生活中，网络已经成为必不可少的信息传递媒介，新兴技术的快速发展对于传承优秀传统文化的冲击显而易见，人们的生活被自媒体、信息给填满，且这种科学技术的诱惑很难抵挡。网络时代下，人们的文化娱乐活动也变得丰富多彩起来，在快节奏的今天，每一天都会有新兴文化产生，久而久之，人们对于优秀传统文化的记忆越来越模糊，只能通过长者的述说才能了解一二。

（五）传播传统文化的形式过于单一

如前面所述，我国优秀传统文化离开了以前口口相传的文化环境，受到了现代化科技的严重冲击，但不难发现，文化研究也在根据时代的发展进行探索转变，只是对于优秀传统文化的宣传手段还是过于单一，因此收到的成效不尽如人意。传统文化与科学技术是相互联系、相互促进的，传统文化孕育了辉煌灿烂的科技，科技作为生产力，反过来也影响了中华传统文化，随着时代的发展以及互联网、大数据、智能终端的兴起，人们获取信息的途径也在不断变换，在很长一段时间内传统文化还在运用刊物和线下出售等方式进行传播，与互联网信息化的结合不够充分，导致优秀传统文化在信息化时代的生命力不足、传播力甚微。还有不少人认为传统文化与现代技术的结合会破坏文化的历史沉淀，其实这是一个错误的认知，纸质的宣传虽然充满着历史感，但受众群体非常小，要长久传承下去还需要扩大受众群体。青年群体都是在网络时代中成长起来的，如若让他们脱离网络了解优秀传统文化是不可取的，也不符合文化传承的实际，这样会使得优秀传统文化的传承路径变得越来越窄，优秀传统文化的传承困境会越来越多，其生命力会随着时代的发展逐渐减弱。

（六）泛娱乐化环境的影响

媒体文化研究者尼尔·波兹曼（Neil Postman）的经典论著《娱乐至死》中指

出,"一切公众话语都日渐以娱乐的方式出现……我们的政治、宗教、新闻、体育、教育和商业都心甘情愿地成为娱乐的附庸"①。在此环境下,泛娱乐化成为娱乐化的进阶形态,对历史的娱乐化解读、对娱乐明星的崇拜和偶像崇拜、色情暴力等都是泛娱乐化的表现形式。在新媒体的发展浪潮中,泛娱乐化对整个社会的文化风貌产生了巨大的影响。而短视频因其节奏紧凑、戏剧性强、视觉特效丰富等特点,首先成了娱乐性质的工具。短视频迎合了大众的观看喜好,其创造的视觉奇观使受众获得了感官上的愉悦。为了获得更多受众的关注,短视频与中华优秀传统文化的结合,在视频呈现上会在一定程度上将中华优秀传统文化身上所带有的严肃性、厚重感减弱,以更加通俗化、娱乐化、年轻化的方式,吸引更多人的兴趣和喜爱。当传统文化类的短视频给受众带来更多感官快感和娱乐猎奇感时,受众便会在一定程度上忽视对传统文化本身的思考,这同时也会破坏传统文化的完整性。传统文化短视频的根本意义在于传播优秀中华传统文化的精神内涵,而非娱乐。

受市场经济的影响,当前我国的文化传播逐渐趋向于"快餐化"。新媒体环境下,更受重视的是受众和传播结果,为了吸引受众,新媒体的传播方式更倾向于娱乐化,而忽视了传播内容的选择,这造成文化传播形式过于商业化。这种情况与我国传统文化的内涵相违背,过度娱乐化的传播内容削弱了我国传统文化原有的内涵,更失去了其传承意义。虽然从表面上看,新媒体对文化的传播产生了积极的作用,但是在本质上却制约了传统文化的传承和弘扬,不利于我国传统文化的发展。新媒体在传播传统文化时,一定要注意传播的内容应符合我国传统文化内涵的要求,如此才能真正起到传播的作用。

学界关于消费社会的定义最早可追溯到现代社会思想家让·鲍德里亚（Jean Baudrillard）1970年出版的《消费社会》一书。他在书中这样描述消费社会:"今天,在我们的周围,存在着一种由不断增长的物、服务和物质财富所构成的惊人的消费和丰盛现象。它构成了人类自然环境中的一种根本变化。恰当地说,富裕的人

---

① 尼尔·波兹曼. 娱乐至死 [M]. 章艳,译. 北京:中信出版社,2015.

们不再像过去那样受到人的包围，而是受到物的包围。"①消费社会的重点是消费，也就是说，人们买东西不再是为了东西本身，而是被东西本身附加的符号价值所吸引。用索绪尔符号学的观点，可以准确地解释其内涵。简单的消费行为已不复存在，现阶段的消费是商品的符号和意义的消费。随着社会的发展和人们物质生活水平的提高，消费社会逐渐形成。受到消费社会的影响，社会文化相较于以前也出现了一些转变，于是在消费社会的基础上，出现了消费文化。当前我国人民生活水平不断提高，物质富足，我国也进入了消费社会，出现了消费文化，它潜移默化地影响着人们的日常生活，而传统文化也不可避免地受到了消费社会和消费文化的影响。人们对于各种文化形式和文化产品的消费是当前传统文化传承传播的重要基础条件，然而消费主义文化盛行，人们在进行传统文化消费时，更注重的不是传统文化的内涵，而是其他的附加符号，这种消费行为使传统文化的传播价值被颠覆，对于传统文化的传播传承来说是损失。

现如今的移动互联时代，人人都可以成为传统文化的传播者和接受者，大众传媒将传统文化的传播范围变得更广。但传统文化在符号化的过程中，现代信息消费社会的各种弊端也无可避免地融入传统文化，传统文化被重新解读，其内涵在这个过程中逐渐瓦解。传统文化这种产生时间早、形式古老的文化，自身的魅力虽大，而其背后的符号附加价值却很小，在这样的消费社会环境下，其传播空间会变得更加狭窄，传播价值会变得越来越低，而符合当今社会潮流的流行文化传播空间变得更宽广，传播价值不断提升。

娱乐在潜意识中一直是愉快的象征，在大众文化中，娱乐也一直被推崇，然而娱乐所带来的却不仅仅是愉快的表象，也会带来一定的困扰和消极影响。有学者认为，古罗马的角斗文化在给人们带来娱乐的同时，也直接导致了古罗马的覆灭。费瑟斯通把当今大众文化泛滥的客观状态称为后工业社会的文化狂欢。他认为艺术的通俗化运动，传达了后现代主义那种喜剧式的甚至荒诞的精神气氛。大众文化在当前消费主义的社会环境的影响下，变得更加娱乐化，而受众沉浸其中则是传统文化娱乐化传播趋势的重要原因。

沉浸理论（Flow Theory）是1975年由心理学家米哈里·契克森米哈赖

---

① 让·鲍德里亚.消费社会[M].刘成富，全志钢，译.南京：南京大学出版社，2000.

（Mihaly Csikszentmihalyi）首次提出的，解释了当人们在进行某些日常活动时为何会完全投入情境当中，集中注意力，并且过滤掉所有不相关的知觉，进入一种沉浸的状态。沉浸理论主要指受众在虚拟环境和媒介传播中的一种忘我和专注的状态，而在娱乐化传播的过程中，受众也存在沉浸的状态。在当前传统文化娱乐化传播趋势下，受众在娱乐化的表征与娱乐化情境中呈现出一种沉浸在忘我娱乐中的状态，电视节目中的高收视率可以侧面体现出这种状态。受众这种沉浸于娱乐的状态使得传统文化传播过程中娱乐手段和途径更加多样化，长期如此，受众可能会沉迷于这种状态，在各种方面产生更多的娱乐需求。

传统的京剧表演，虽然演员表演的内涵丰富，但表演形式单一、与观众的互动性弱，现场观众、电视收视率和网络点击量都很少，其传播价值在这样的境遇下只会降低。而明星演唱会这样的流行文化却截然相反，明星演唱的歌曲即使没有内涵，但表演丰富多彩、舞台绚丽，而且与观众的互动性强，娱乐性强，使明星演唱会的收视率和点击率相当可观。

消费主义的影响与泛娱乐化的盛行，弱化了传统文化内涵和价值的传播，久而久之，不利于我国优秀传统文化的传承和发展，削弱了国人的文化认同与文化自信的建构。

第六章　优秀传统文化传播的机制探讨

优秀传统文化的传播机制应从不同层面综合考量，要遵循传播的基本原则，要不断完善我国优秀传统文化的传播机制，全方位提升中华文化的影响力，实现中华文化的伟大复兴。本章分为优秀传统文化传播的基本原则、优秀传统文化传播机制的完善、优秀传统文化传播的策略探讨三部分，主要包括优秀传统文化传播机制的内涵、优秀传统文化传播机制的具体优化路径、优秀传统文化传播的内部优化策略、优秀传统文化传播的外部优化策略等内容。

第一节　优秀传统文化传播的基本原则

一、坚持公平公正的原则

公平公正是人类发展至今一直追求的目标，在优秀传统文化的交流传播中，公平公正应当作为一个核心原则应用其中。一方面，跨文化交流传播应当是双方平等、彼此尊重的。其中既要包含权利和义务的平等，也要包含利益和负担的平等。权利和义务平等能够保证传播主体之间形成平等交流的语境，并在交流传播中获得平等的结果。利益和负担平等则要求跨文化交流传播中各主体要承担各自的责任，以保证传播适应性，得到国际社会的一致认可，这样才能获得相应的益处。另一方面，优秀传统文化的交流传播应当坚守社会道德准则，能够基于公正中立的居间视角对不同主体的价值取向和深层寓意进行评判和裁定。

二、坚持继承性与创新性相统一的原则

正确处理继承与创新的关系是中华优秀传统文化传承发展的关键所在。作为同一事物的两个方面，继承是创新的前提和基础，创新是对继承内容的升华与发展，二者是辩证统一的。实现优秀传统文化的现代化转型，二者缺一不可，需要在继承的基础上有所创新，在创新的过程中更好地继承。习近平新时代中国特色社会主义思想传承创新中华优秀传统文化，坚持了继承性和创新性辩证统一的正确原则。

不忘历史才能开辟未来，善于继承才能善于创新。

一方面，博大精深的中华优秀传统文化所蕴含的人文精神、道德理念及传统哲学思想在中华民族发展史上起到了重大作用，不仅维系了中华民族的团结统一，还使中华民族在抵抗各种内外风险挑战中站稳脚跟并发展壮大。因此，我们今天无论是推动社会主义文化繁荣兴盛，还是建设社会主义现代化强国都必须继承这一份无比珍贵的历史文化遗产。对于继承传统文化遗产的重要性不言自明，只有坚持从历史走向未来，从延续民族文化血脉中开拓前进，我们才能做好今天的事业。经过长时期历史积淀而形成的思想精髓和博大智慧必须通过世代传承才能展现持久魅力，发挥永恒价值。相反，如果数典忘祖、丢掉根本，就会失去共有的思想和价值认同基础，从而引起无法抗拒的思想混乱和社会动乱。习近平新时代中国特色社会主义思想本身就是在广泛吸收传统文化中的民本立场、创新思维、生态理念、廉政遗产、大同理想、和合智慧等思想精髓的基础上形成的。对传统哲学方法论和经典价值观的继承体现在内政外交国防和治党治国治军的方方面面，并且明确了要通过传承创新中华优秀传统文化增强文化自信和建设文化强国的内在要求，成为传承发展优秀传统文化的光辉典范。

另一方面，文化的生命力和竞争力就在于创新。若不能按照历史环境和时代要求的变化发展而与时俱进、勇于创新，一味食古不化、故步自封，传统文化将会丧失生机与活力并逐步退却历史光环，最终被时代所抛弃。中华传统文化是中华民族在长时间的生产生活实践和民族交往过程中积淀而成的，是封建时代社会实践的产物，无论是具体内容还是表现形式都不可避免带有与当今时代和社会发

展进步要求不相符合的陈旧思想因子。这就需要我们结合新的时代条件予以推陈出新，以群众喜闻乐见的表现形式赋予其特色鲜明的时代内涵，架起历史与现代沟通的桥梁。通过对传统文化的"重构"与"新构"激发出它的创造力，使其永葆生命力和鲜活力。习近平新时代中国特色社会主义思想推动实现中华优秀传统文化的现代化转型，明确要实现中华优秀传统文化的创造性转化和创新性发展，"双创"理论成为新时代传统文化发展的宣言。在继承传统思想智慧的基础上，用具有鲜明时代特色的语言风格和表达形式诠释了当代中国共产党人对社会发展进步和时代变迁的理论认知和现实体会。例如，"以人民为中心"理念是传统民本思想在今天中国共产党人治国理政中的创新表达，构建"人类命运共同体"映射出我们实现和平发展、"协和万邦"的美好愿望。这些语言通俗易懂、平易近人，但其内涵丰富，直抵人的内心深处，实现了对较为抽象的传统话语表达形式的创新发展。传承创新中华优秀传统文化既要继承其合理介质和思想精髓，又要着眼于创造中华文化新辉煌，在继承与创新相统一的过程中做好传承发展优秀传统文化的大功课。

三、坚持民族性与世界性相统一的原则

文化是民族的，也是世界的。传承与创新中华优秀传统文化不仅要立足于本民族传统文化精华，不断增强文化和价值观自信，使之展现中华文化瑰宝的独特魅力和永恒价值，与此同时，还要吸收借鉴一切外来文化的有益因素，通过与不同文明之间的交流互鉴来补己之短，从而达到维护世界文明多样性、传承发展中华优秀传统文化的目的。党的十九大确立了"不忘本来，吸收外来，面向未来"的新时代文化建设指向，为中华优秀传统文化更好地发展指明了方向，生动体现出坚持民族性与世界性相统一的原则遵循。

文化人类学认为，文化是反映特定族群在特定历史条件下的生活方式和创造活动以区别于其他地域和种族的文化。特定种族按照其特有的认知方式和行为习惯世代延传其历史文化传统，因而民族文化在传承发展的过程中都被打上鲜明的民族烙印。在5000多年历史长河中经久不衰的中华优秀传统文化，体现了中华民族独特的精神特质和价值追求。中华民族所特有的世界观、人生观、价值观得

以世代相传、从未间断，这足以令我们感到自信和自豪。只有树立对民族历史文化传统坚定不移的强大自信，才会把这种强大自信和礼敬珍视转化成传承发展优秀传统文化的自觉。因此，传承创新中华优秀传统文化要充分立足传统文化本身，更多体现民族特质，更好构筑中国精神、中国价值、中国力量，为人民提供精神指引，保持高度精神独立性的同时向世界展示中华文化的非凡魅力与独特价值，充分展现出鲜明的民族特性。

文明因交流而精彩、因互鉴而丰富，任何文明成果都不是完美无瑕、不需要完善发展的。中华文明在形成发展过程中必然受到当时历史环境、时代条件的限制而带有一定的局限性。今天，我们创造性转化、创新性发展优秀传统文化更需要面向世界、博采众长，充分汲取其他民族文化中的积极成分和合理因子为我所用，中华文明也正是由于具有极大的包容特质才能延续至今而熠熠生辉。中华民族是一个兼容并蓄、海纳百川的民族，在漫长历史进程中，不断学习他人的好东西，把他人的好东西转化成我们自己的东西，这才形成我们的民族特色。当然，吸收借鉴其他优秀文明成果并不意味着崇洋媚外、全盘吸收。一方面，我们是有原则、有选择、有方向地吸收利用有益成分；另一方面，我们要在推动中外文明的交流互鉴中维护世界文明多样性，传承和发展中华优秀传统文化。

四、坚持理论性与实践性相统一的原则

理论是实践的先导，实践是理论的来源。马克思主义强调理论与实践相结合，坚持理论与实践的辩证统一。党中央对于如何传承和发展中华优秀传统文化、实现传统文化的现代化转型提出了一系列新观点和新论断，包括对传统文化的科学定位、理性态度、传承发展优秀传统文化的路径选择等等。强调要辩证地看待和处理传统文化的传播与发展，坚持古为今用，加强与其他文明的交流，坚持创造性地传播、创造性地发展中华优秀传统文化。这些思想和认识的结果，是我们今天继承和发扬中华优秀传统文化、开创中华文明新局面的科学指导。传承创新中华优秀传统文化应结合时代要求、基于中国社会现实。将传统文化的思想精华融入社会实践和日常生活，进而规范我们的行为、指导我们的行动。优秀传统文化也只有与现实社会相融通，然后在解决实际问题中才能真正成为我们最深厚的文

化软实力。这就要求构筑实践转化和创新的长效机制,通过更多文化创新成果驱动中华优秀传统文化不断向前发展。这表明重视传统文化并不仅仅是政策上的支持、理论上的指导,更不是空喊口号将其束之高阁、不闻不问,而是着眼于新的实践要求,以我们正在做的事情为出发点进行理论思考,将各种在实现转型过程中形成的经验上升为理论认识,并将理论认识应用于实践发展,然后在新的实践中接受检验。新时代中国特色社会主义思想本身就诞生于新时代中国特色社会主义伟大实践中,具有鲜明的实践性特征。它坚持问题导向,传承创新优秀传统文化智慧,无论是对伦理理念、思想观点的吸收还是对哲学方法、价值立场的借鉴都深深地扎根于现实土壤中,以为社会现实服务为出发点和落脚点。例如,立足中华优秀传统文化来弘扬和培育社会主义核心价值观,要把长期以来我们民族形成的积极向上向善的思想文化充分继承和弘扬起来,使之为培育和践行社会主义核心价值观服务。以传统思想道德规范和原则来推动新时代思想文明建设,也使传统道德理念和伦理规范实现新的跨越和发展,更好地与社会现实相协调。

第二节 优秀传统文化传播机制的完善

一、优秀传统文化传播机制的基本内涵

优秀传统文化的传播是一项系统而又复杂的社会工程,在如今社会主义市场经济面临的激烈竞争和构建社会主义和谐社会的前提下,探寻保护我国优秀传统文化的有效途径,显得十分迫切。理论上讲,每个民族的文化都需要一个文化传承的内在机制来充当其自身的保护伞,所以我们要深入研究,建立和健全传统文化的传承体系。

(一)机制的含义和特征

1. 机制的含义

"机制"一词最早源于古希腊文,原指机器的构造和动作原理,后来人们把机制的本义引申到了各种不同的领域,现在已广泛应用于自然现象和社会现象。

我们现在所说的机制大多指的是经济、社会机制，指其内部组织和运行变化的规律，各构成要素之间相互联系和作用的关系及其功能。

2.机制的特征

机制具有以下两个特征：第一，相对稳定性。机制一旦形成，便具有一定规律和准则，保持着相对稳定的特点。其以一定的运作方式把事物的各个部分联系起来，使它们协调运行而发挥作用。第二，系统性。每个机制都是围绕一个核心而形成，各个要素之间具有内在联系，成为相互制约和影响的有机体。

（二）优秀传统文化传播机制的内涵

顾名思义，文化传播就是指如何将我们已有的优秀文化传递给下一代、传播到世界其他地方，使我们的文化，无论是个人的还是社会的文化，可以不断地积累并向高层次、高水平发展，一代接一代，延续不断。同时，文化传播也是一个文化不断被继承和超越的过程。文化传播的机制简单来说可以理解为文化传播的体系，优秀的传统文化以何种方式进行传播、发展。其主要包括以下几方面：

第一，利益导向机制。利益导向机制通过某种政策或者措施，影响人们的行为或者决策，把他们引入既定目标和方向之中。文化的利益导向机制就是政府或者社会通过制定的相关文化政策和规定的激励、引导、束缚，使主体自觉地按照国家和社会的相关制度参与文化事业和活动。

第二，政策保障机制。文化的政策保障机制就是为了确保优秀传统文化的传播和发展，而制定相关的优惠政策和保障措施，并使其顺利地同时开展的一个体系。

第三，文化产业化的创新机制。文化产业化的创新机制是指文化创新与市场和人们需求之间的矛盾得以不断展开和解决的一系列动作、规则、程序和制度的复杂系统。这个系统为文化产业创新项目进行方案设计、运行，协调多方力量共同开展文化产业形式和内容的创新活动。

第四，现代化的传播机制。文化传播离不开现代化的传播机制的支持，就是指利用各种现代化的传播工具，例如互联网、电视、广播等媒介对传统文化进行广泛而有效的宣传。

（三）优秀传统文化传播的主要机制

我国著名传媒学者郭庆光在《传播学教程》中根据媒介的时间顺序，将传播方式归纳为"口语、文字、印刷和电子传播时代"，而中国传统文化起源于我国古代的传统农业文明，其在古代社会的传播媒介有语言媒介（谚语、格言、歌谣）、文字媒介、非语言媒介（服饰、礼仪、建筑）等。然而随着时代的发展，在当前的媒介社会环境下，纸媒、电视和新媒体成为传统文化传播的主要媒介，这三类媒介对传统文化的传播各有不同。中国传统文化的产生和发展都与其传播密切相关，而传播又依赖媒介。中国传统文化在不同的时代有不同的主要媒介传播方式，不同的媒介传播对传统文化发展的影响也不同。随着经济的迅速发展，人们的物质和文化需求逐渐增多，人们开始更多地关注中国传统文化，受众接收的传统文化信息数量也逐渐增多。近年来，传统媒体如报纸和电视以及新媒体如网络、手机等在传统文化传播时，传播内容都有所增加，传播形式也越来越多样化。各类媒介将传统文化信息传播给受众，受众也在选择自己喜欢的媒介形式接收信息。当前传统文化主要以报纸、电视等传统媒介形式和网络等新媒体形式为传播载体，这些媒介形式在传播传统文化过程中展现了我国多样化的传统文化的类型与内容，对于构建独具中国特色的文化氛围和体系发挥了不可替代的作用。

1. 以报纸为载体的传统文化传播的机制

在数字技术未发展成熟之前，传统文化的各类信息是通过报纸等传统媒介来进行传播的，虽然当前传统纸媒受到来自新媒体的冲击，但仍然是传统文化传播的一种重要媒介形式。当前，许多主流媒体的新闻客户端和 App 上的新闻生产也依赖于报纸上高质量、深度报道的传统文化内容，因此报纸仍然是一种不可替代的传统文化传播的媒介形式。这得益于国家政策的重视，作为传统媒体的报纸，开始越来越多地提及"传统文化"，各种与传统文化相关的文章层出不穷。传统文化传播的主要报纸类别可分为以下几种：

（1）传统文化类报纸

传统文化类报纸是我国进行优秀传统文化传播的主要载体之一，例如，《中国文化报》是我国文化类大报，是中国传统文化传播的权威性报纸，刊登的文化类文章有一定深度。《中国文化报》自创刊以来对传统文化的报道源源不断，在报道内容上不断深入，报道形式不断出新。此外，《文化艺术报》作为专业性的文化类报纸，每期刊登深度传统文化内容，并发行其他国家，为我国文化的跨地域传播做出了不可磨灭的贡献。

（2）机关报或时政类纸媒

此类纸媒的传统文化报道多以传统文化政府政策宣传、传统文化政治报道、传统文化新闻和人物访谈为主，形式相对比较单一，内容也相对简单。机关报或时政类纸媒对于传统文化的传播起着政策引领的作用。

（3）综合性纸媒

地方性纸媒对于具备地域特点的传统文化的传播也发挥着不可替代的作用。其拥有地域性的独特优势，对于地域性传统文化的报道内容也更加具体，特别是对地域性传统文化传人的采访。例如，济南的《齐鲁晚报》曾对泰山皮影的第七代传人进行采访报道。对于报纸这一传播媒介来说，虽然报纸上关于各类传统文化信息的报道形式相对来说比较固定、单一，许多报纸刊登的传统文化报道还拥有一定政治性的传播目的，但其传统文化报道内容相对于其他传播媒介来说更具深度，也更为具体，更适合深度阅读，可以满足受众深度学习传统文化知识的需要。但是，随着新媒体时代的到来，传统媒体遭受巨大冲击，有人唱衰传统媒体，甚至提出"纸媒灭绝论"。可见，当前传统的纸媒式微，大量的受众被新媒体这种新的媒介形式所吸引。通过纸媒形式接收传统文化信息的受众越来越少，但其"内容为王"的优势却可成为吸引受众的法宝，特别是对传统文化这种内涵极其丰富的文化类型。

2. 以电视为载体的传统文化传播机制

对以电视为主体的传统文化传播来说，电视这种传播形式使人类传统文化传播的内容更加丰富，视听效果给人带来的感觉也更加直观。在当前的传统文化传播过程中，电视这一传统媒体将各类传统文化内容深深融入创作中，不断挖掘传统文化的深刻内涵，深受各年龄段受众的喜爱。

（1）传统文化类电视综艺节目

中央广播电视总台（以下简称央视）作为领头羊，创办了多档传统文化电视节目，从《百家讲坛》到《中国汉字听写大会》《中国成语大会》，再到《中国诗词大会》，每档节目都带来了不俗的收视率，提升了受众对中国传统文化的关注度。央视播出的《中国诗词大会》第二季得到受众很高的关注度，多家党报发文评论此档节目，受众也对此产生一定的兴趣，参与到讨论中，掀起一股"传统文化热"。节目的火爆收视使得观众也成为传统文化的传播者，许多观众在央视影音App与节目组互动评论，冠军武亦姝也成为微博热门话题，很多受众参与讨论。省级卫视也纷纷创办传统文化电视节目。例如，山东电视台的《中国面孔》，以传统文化传承人的照片来了解各类传统文化；河南卫视的《汉字英雄》，在创新节目形式的情况下，力求加入更多传统文化的深度内容。越来越多的编导将传统文化元素加入收视率较高的热门综艺节目的创作中。值得一提的是，各大卫视的传统文化类综艺节目收视率逐步攀升，也是传统文化热的一种表现。各大卫视更是纷纷推出传承传统文化的综艺类节目，例如央视的《经典咏流传》、北京卫视的《传承中国》等节目，深受观众好评，传统文化传播呈现百花齐放的态势。

（2）传统文化类电视公益宣传片

由于传统文化涉及面很广，目前我国传统文化类电视公益宣传片种类繁多，但其播放平台主要以央视为主，以大众熟悉的传统文化为主导。例如，央视制作了一部名为《二十四节气》的宣传片，它融合了中国古典诗歌和二十四节气的内涵，并以水墨画形式进行展现，充满了浓郁的传统文化气息。央视推出了多个传统节庆宣传片，将中国传统节庆的种种风俗，以重拾对传统节日的回忆，使人们感受到传统节日的丰富内涵。

（3）传统文化类电视专题片

传统文化类电视专题片兴起于20世纪90年代，21世纪后更涌现出许多颇受好评的电视专题片。传统文化类电视专题片侧重于区域性传统文化的展现。例如，央视推出的《江南》《徽州》《晋商》等，其富有韵味的解说词和恰当地讲述故事的方式具有创造性意义，能让观众深入了解当地的文化。当前电视中的传统文化传播内容多样化，不仅有传统文化非物质文化遗产代表人物的内容，也包括各种不同类型的传统文化内容，例如诗词、汉字等。其传播形式也多种多样，当前其传播类型以传统文化类综艺节目为主，各类传统文化公益宣传片和电视专题片为辅。各类节目所展示的传统文化类型多样，不仅包括耳熟能详的传统文化，还包括地域性的特色文化等。在传播过程中，深入挖掘传统文化内涵，力求深度传播，在综艺节目中邀请专家点评、讲解传统文化深度知识。

3. 以新媒体为载体的传统文化传播机制

互联网的出现，让信息的传播彻底突破了限制，各类传统文化信息实现实时传播，用户使用互联网时可以进行实时互动交流，及时获得反馈。网络信息传播是目前传统文化传播最主要的传播方式，也是传统文化传播发展的趋势。互联网实现了自己独特的传播格局，衍生了各类依托于互联网生存的传统文化产品。

依托于互联网技术的新媒体是一种新的媒介形式，新媒体是相对于传统媒体的一种说法。当前，新媒体已经成为传统文化传播的重要载体，其中各类传统文化的内容层出不穷，也是传统文化传播发展的方向。新媒体依托数字技术，实现了自己独特的传播格局。各类传统文化网站，为传统文化信息传播与交流提供了平台。主流媒体的网站也纷纷加大传统文化的报道力度，"人民网"关于传统文化的报道超过了10万篇，"凤凰网"关于传统文化的报道超过了20万篇，"中国新闻网"对于传统文化的报道也超过了4万篇。从上述的数据可以看出，当前各主流媒体网站对于传统文化的报道数量基数很大。专业性传统文化网站也层出不穷，如"中国孔子网"，已然成为以弘扬儒家文化为主要任务的新媒体。近年来，移动互联发展迅速，我国已步入移动互联时代。人民网研究院发布《中国移动互联网发展报告（2022）》中总结了2021年中国移动互联网发展状况，分析了移动互联网的年度发展特点，指出移动互联网已经成为推动经济社会发展不可或缺的信息基础设施。未来，更多场景将由线下转至线上，人们的生产生活越来越离不开移动互联网。这代表着手机已经成为人们接收信息最主要的渠道之一。移动互联时代，受众接收信息的方式发生变化，互联网为传统文化的传播注入了新的活力，各类传统文化应用成为传统文化信息传播的主要形式。各大传统文化网站为顺应时代需求，纷纷推出自己的微信公众号、微博，进行移动互联时代的传统文化信息传播，并与受众互动。"中国孔子网"结合当下移动互联的发展，创办了自己的微博、微信公众号，并结合当前移动互联的发展状况，进行祭孔典礼网络直播。除此之外，各类传统文化手机App也应运而生，例如"每日故宫""故宫陶瓷馆"等，每款App的设计都拥有自己独特的文化风格，传播特定的传统文化知识。新媒体平台与纸媒和电视的传播特点有很大不同，在新媒体平台可以接收任何报纸和电视上的传统文化信息，包括报纸的文章和各类电视节目，信息更加丰富，时效性强，传统文化的类型包罗万象。但是，新媒体为传统文化传播带来方便的同时，传统文化的传播内涵却受到了冲击。在这样的传播特征下，原来系统的传统文化学习和阅读模式被打破，互联网时代的传统文化非系统性的、碎片化的阅读学习，弱化了传统文化的深刻内涵，陷入浅层传播的际遇，令人目不暇接。传统文化内涵极其丰富，需要深度挖掘和解读，才能充分发挥其深刻的文化价值，使其成为中国特色社会主义核心价值观的有效补充。

二、优秀传统文化传播机制的具体优化路径

（一）建立政府主导下的利益导向机制

1. 完善传统文化传播的管理制度，加强政府倡导

优秀传统文化的传播，离不开政府部门的大力支持和管理。政府要建立权威的传统文化传播的管理制度，就要不断强化管理，进行有效的组织和有力的领导，把相关工作落到实处，切实履行职责，突出传播传统文化的重要作用。各级各部门应该把这项工作纳入日常工作日程，做好协调和统筹工作，加大宣传力度，制定相关有利于传统文化发展的法律和规章制度，完善政策利益导向机制。同时，要做好责任分工，明确责任，一定要确保各项传统文化的传播工作落到实处。另外，做好监督、检查和预警机制，强化奖惩措施和力度，要始终明确传播传统文化各项工作的进展情况，层层分解，层层把关，完善具体的奖惩方法和业绩考核机制，把传统文化的传播和发展纳入领导班子年终考核体系之中，并作为一项衡量领导班子成员相关业绩的主要内容来抓，使各级各部门的积极性能够最大限度地调动起来，共同投身传播传统文化的大潮中。

2. 健全传统文化传播的工作机制，加强部门协作

建立和完善传统文化工作机制，是实现文化兴国，推进文化大繁荣、大发展，传播优秀传统文化的重要保障。要从传承和创新相结合的角度，加强党和政府的

统一部署和领导,各级各部门齐抓共管,互相协调分工,各尽其职、各负其责,从思想上重视传统文化的传播,将全社会、全国的力量拧成一股绳,合成一股劲,形成全民参与的工作局面,激发各阶层民众参与传播我国优秀传统文化的热情。要根据传统文化发展的具体内在要求稳步推进传统文化传播工作机制的发展和完善,同心同德,齐心协力,共同把我国的传统文化传播之路推向新高潮。

(二)切实完善相关的政策保障机制

1.加大投入力度和政策扶持力度

优秀传统文化的传播是个系统的工程,需要不断注入相关资金来支撑,没有资金投入,传统文化的传播将寸步难行。我们应该为长远考虑,为子孙后代和国家、民族的兴衰考虑,加大投入力度,合理规划资金的使用,完善相关财政和政策保障机制。引导各项资金向传统文化事业和传统文化领域流动,积极拓宽资金来源渠道,提高文化事业的财政支出比重。加大对传统文化产业在土地、财税、价格和投资等方面的扶持、奖励力度,设立专项资金,合理安排年度预算计划,切实保障好传统文化传播工作的顺利进行。同时,加大对个体企业和其他社会组织投身传播传统文化的鼓励和支持力度,千方百计地筹措资金用以支持传播传统文化,加强传统文化传播政策的开发与创新建设,积极拓展传承体系建设。充分发挥政府职能,从宏观上引导、微观上调节,利用一切手段和方法为传统文化的传播过程铺路,搭建平台,加强国际合作,主动参与国际竞争,保护好弱势企业,防止受到过分的冲击,为其建设良好的政策环境,从根本上创造有利于传统文化传播的宽松氛围。

2.加强基层文化人才队伍建设

传统文化人才的培养、开发与传播传统文化产业的发展相互影响、相互促进。把加强人才队伍建设作为重中之重。发展、壮大传统文化事业,需要大批的专业人才。紧紧围绕文化体制改革加大人才培养力度,完善人才培养体系,做好人才后期培训,把文化人才的培养纳入我国优秀传统文化传播工作的体系之中,并将其作为一项经常性工作来抓,牢固树立"人才资源是第一资源"的观念,加快人才引进和保障措施建设,合理规划,科学编制,积极引导具有高水平文化知识的人才走出城市，进入城乡，扎根基层，服务基层，树立服务基层、面向基层的价值观、世界观和人生观。

党和政府应该把文化人才的开发作为重点来抓，着力培养一批有实力的文化企业家。完善人才培养的工作、政策机制建设，为文化人才创造良好的培养环境和工作环境，使人才队伍不断壮大，让传统文化的创造力得到最大限度的发挥。加快传统文化产业发展创新，要紧紧依靠专业的文化人才，特别是具有全面综合素质的高端人才。但是我国这方面的人才还比较匮乏，人才需求与传统文化建设失衡，传统文化人才质量普遍不高。国家必须加强人才队伍建设，完善政策利益导向措施，面向社会，面向市场，树立传统文化创新与传播离不开优秀文化建设人才的理念，狠抓落实，建成科学的选才用才体系。落实到实际工作中，就是既要坚持依托高等院校、科研院所对人才的培养，积极从高校引进高素质的专业人才，吸收一部分相关高校毕业生参与传统文化的传播工作，汇聚到传统文化建设与传播的领域，同时积极开展国际交流，引进视野开阔、懂得经营管理的国际型文化人才，开展竞争机制，竞争上岗，优化传播优秀传统文化的人才队伍，提高传统文化传播队伍的综合素质，加强人才储备和管理，激发人才的创造力和积极性。要充分发挥人才的团队精神和作用，建立科学的机制。传统文化事业的发展、创新，是人才队伍与个人共同努力的结果，两者相辅相成，缺一不可。在整个团队中，需要充分发挥个人的潜力，最后所有人形成合力，共同起作用。

当然，要充分发挥整个团队的作用，也要对关键部门和个人进行科学的定位，合理地分配岗位。在人才队伍中，管理者要负责指导和监督，而核心成员要负责协调和推动。如果不能齐心协力，那就会起到反效果，即使人数多了，效果也会大打折扣。这就要求各方配合，互相扶持。首先需要建立合理的人力资源开发和管理运行机制，使其拥有良好的组织能力，建好职责与岗位相匹配的工作体系，这是获得成功的必要条件之一；其次是要制定合理的激励机制，完善制约和约束机制，在科学绩效考评和评估的同时，给予人才相应的奖励，在规章制度的建立上，让不同惩罚措施成为制约机制的核心。总而言之，只有定位科学、激励得当、措施有力，整个团队才能高效地运转。

同时，要加大对传统文化人才的开发、激活，这需要从以下五个方面入手：

第一是对人才开发的定位要准确、科学、合理；第二是完善人才选拔机制，什么样的人适合什么样的岗位要心中有数，合理安排；第三是要有完善的工作绩效考核办法和评估机制，确保各司其职，各尽其职，约束相关人员的行为；第四是合理安排薪酬和劳动报酬管理办法，激发人才的工作积极性和热情；第五是要有科学的人才培养和开发体系，减少岗位与自身能力不相符的现象发生。

（三）以产业化之路推进文化传播机制创新建设

1. 构建现代文化产业体系，发掘优秀传统文化

发展与传播传统文化产业，满足人民不断增长的精神文化需求是推进文化改革发展的重要抓手和重要途径之一。加快推进我国传统文化产业不断发展，应进一步结合现代科学技术，积极探索和创新传统文化产业的生产方式。各个地区之间应结合自身优势，从自身实际出发，科学合理地谋划布局传统文化产业发展空间和发展潜力，寻找符合自身的传统文化发展体系和产业化道路。充分发挥市场的基础性作用，推动文化企业的改制与重组，使文化资源向具有一定优势的企业和领域内集中，集中培育一批新文化企业，加快与科学技术结合的步伐，加快技术创新，掌握核心技术尽快形成创新成果，丰富和发掘一批优秀传统文化产品，注重提高传统文化产品的质量，使文化企业不断增强竞争力，参与国际竞争。要不断寻找突破口，推动文化产业与其他相关产业的结合、创新，深化文化产业结构调整，推动文化与农业、工业以及服务业的横向发展，不断融合、衍生产业链条，提高文化产业所蕴含的附加值。重视打造高端传统文化品牌，树立品牌形象。充分发挥高校、科研机构的科研优势，健全传统文化技术创新体系，增强文化产业核心竞争力。加强传统文化创意与文化企业的结合。同时，将城市建设、农村建设与传统文化建设相结合，统筹发展，科学规划，提高城市和乡村建设的文化品位。促进资本向文化产业的聚集，促进传统文化事业的壮大、发展。要把文化体制改革不断深化的梦想、传统文化大发展大繁荣的梦想、文化强国的梦想嵌入中华民族伟大复兴中国梦的雄壮豪迈情怀之中。要在科学发展观的引领下全面、深刻把握文化大发展大繁荣对文化制度有效性的强烈要求和迫切愿望。要着力推进传统文化事业发展，切实保障公民基本文化权益，努力加大传统文化投入，逐

步缩小城乡之间和地区之间在人才、资金和基础设施等方面的实际差距，扩大公共文化服务体系的规模、功能，尤其要在农村传统文化传播工作中强化资金、资源、人才配置，因地制宜，分类实施，让亿万人民得到更多参与机遇和实惠，全面提高公民道德素质，形成社会风清气正与个人幸福快乐的日常生活秩序。要着力推进传统文化产业发展，鼓励不同经营主体和资本形态进入传统文化产业，强化文化企业法人治理结构、现代企业管理方式以及与科学技术高度融合基础上的创意研发能力，规范国内市场，在"走出去"过程中增强中国文化企业和中国传统文化产品在国际市场的核心竞争力，在满足不同消费人群的多元文化消费诉求中将文化产业打造成国民经济支柱性产业。要着力研究文化大发展大繁荣的命题内涵和复杂逻辑关系，清醒地意识到文化大发展大繁荣不直接等同于发展传统文化事业或做强传统文化产业，因而也就必须清醒地意识到文化体制改革不是简单地将体制功能限制在对传统文化事业与文化产业的有效匹配上。在这个问题上，一定要有全局视野、精神高度、终极指向和长远目标，要上升到民族形象塑造、人类心灵净化、精神家园建构、价值尺度刻画和社会风尚培育的高度来审视文化发展的要义，要从文化理性、文化秩序、文化观念、文化心理、文化习俗、文化风尚等方面的现实社会状况来判断传统文化发展的实际水平，要用辩证的观点从形而上和形而下两个层面来评价我们的文化体制改革究竟取得了哪些进展，究竟还存在哪些盲区甚至误区。改革不能满足于细节和表层的机制转换，而要追求制度安排有效性前提下的大胆制度创新，努力使创新形态的文化制度具有全面激活文化创造力的体制能力和体制活性。

2. 推进中华优秀传统文化的创造性转化和创新性发展

中华优秀传统文化在新世纪已经不能完全适应现代化的要求，要让中华优秀传统文化得到更好的传承，就必须不断地创新、发展。同时，要坚持继承与创新相结合的基本原理，把马克思主义唯物辩证思维与社会主义文化发展的要求相结合，使之与社会主义核心价值观、时代精神相融合，以适应社会主义先进文化建设的要求。唯有不断创新和发展传统文化，才能增强民众对民族文化的信心。

3. 树立文化的品牌意识，创建名牌文化工程

文化是国家软实力的重要源泉，而且软实力已经成为衡量一个国家综合国力

的重要因素。传统文化传播与发展的根本动力在于改革和创新,传统文化创新就是要不断创立自主知识产权的文化品牌。当今的世界竞争日益激烈,全球化不断加深,我国的文化市场也在不断地遭受着来自西方文化的侵蚀和冲击,唯一的出路只有创建中国自己的传统文化名牌产品,积极参与国际竞争,同时不断借鉴国外的先进文化内容、文化技术和先进的管理经验,学习西方传承传统文化的先进做法,深度开发我国特有的传统文化资源,利用我国地大物博、文化资源丰富的优势,加大传统文化创新投入力度,形成自己的文化品牌和特色,鼓励、支持有实力的文化企业和优秀文化品牌"走出去",和国外文化品牌进行竞争,在"走出去"过程中增强中国文化企业和中国传统文化产品在国际市场的核心竞争力。要适应人民群众传统文化需求的新特点和审美情趣的新变化,不断推进传统文化内容形式的创新,推动不同艺术门类和传统文化活动相互融合,积极运用声、光、电等手段提高传统文化的表现力,实现题材体裁、风格流派和表现手法的多样化。要积极运用现代科技手段开发、利用民族文化资源,改造传统文化产业,催生新的传统文化业态,大力发展传统文化创意、文化博览、动漫游戏、数字传输等新兴产业,加快构建传输快捷、覆盖广泛的传统文化传播体系。

促进少数民族地区传统文化事业的不断繁荣发展,加大政策保障力度和相关资金投入,切实开展民族特色文化保护工作,同时要加强对少数民族文化经典的宣传。举办具有民族特色的文化艺术节,开展特色旅游,举行传统节日庆典等文化活动和文化形式,例如,北京各式各样的"庙会"、河南省的"武林风"和"梨园春"、云南省的"云南映象"系列、东北三省的"二人转"系列、陕北的"信天游"以及闽台地区纪念妈祖活动等地方文化活动。这些活动各具特色,形成了各自的文化品牌,既是各个地区的名片,也是我们中华优秀传统文化的代表。

打造文化品牌,是使我国的传统文化事业生生不息、代代相传的重要手段。另外,我们还应吸收和借鉴其他民族创造的优秀文化成果,加强与国外知名文化机构合作,取其精华,去其糟粕,并结合我国的传统文化,创造出可以为世界人民所接受的优秀文化,形成自己具有地方特色的文化品牌,让一批具有中国特色的文化产品走出国门,面向世界,拓展国际市场,丰富对外文化交流的手段和渠道,扩大我国优秀传统文化在全球的覆盖范围和世界影响力。历史表明,只有创立自己的文化品牌，不断创新，才能面向世界，提高我国传统文化的知名度和影响力。

与此同时，不断深化文化体制改革，提高传统文化产品和文化产业的层次，标新立异。将传统文化建设与科技进步紧密结合起来，优化文化产业的配置，做好产业结构的调整，不断与世界接轨，在传统文化产品的内容、质量和管理上面下功夫，精心打造拥有自主知识产权的文化品牌和文化产品。在传统文化创新的过程中，我们还要反对形式主义、恶意炒作、过度包装等不良行为和习惯，将主要精力放在文化产品的不断发展创新上，将自己所创造出来的文化产品推向市场，经受文化市场的洗礼和考验。

一个民族的文化能否被世人所接受，一个文化品牌能否立于不败之地，都是要经过消费者和市场千挑万选出来的。在此期间，要不断地吸收现有成果，结合他人和他国的经验和有益成果，进行融合创新。我国的优秀传统文化资源不胜枚举，然而真正被我国文化企业和文化产业所利用、改造、创新的却是凤毛麟角，还有很大的利用和发展空间。国外很多作品都是利用中国传统文化为背景，甚至内容来创作、创新，取得了不错的成绩，例如《功夫之王》《功夫熊猫》等好莱坞大片，华人导演李安根据其中国文化背景结合西方的生活方式创作了很多电影作品，受到广泛好评，两次获奥斯卡大奖。所以说，把握传统文化创新的发展方向，并积极、适时地调整文化产业发展策略，利用民族传统文化发展创新形成品牌，创建一批具有中国特色的传统文化产品和文化品牌走向世界，将会对我国的传统文化品牌建设以及传播工作起到极大的促进作用。

（四）完善依托现代传媒技术的传播机制

1. 拓宽传播手段，发展现代传播体系

第一，加快构建现代传播体系，是适应我国经济社会发展和国际地位变化的迫切需要。随着我国综合国力增强，中国在世界上的地位越来越重要，中国发展对世界的影响更加凸显，国际社会对中国的关注度不断提升。对于中国的快速发展，国际社会看法复杂、心态各异，有充分肯定中国成绩的，也有对中国抱有疑虑和偏见的。世界上许多国家与我国合作的愿望在不断增强、对中国的信息需求也在迅速倍增。这就必然要求我们要加快传播能力体系的建设，加快形成与我国经济社会发展水平和国际地位相适应的传播能力和传播技术，增强向世界推销中国、客观评价、介绍中国的能力，满足国际社会对来自中国信息的多样化和多层次的需求，引导世界各国客观地、理性地看待中国的发展和中国在国际事务中的作用，营造有利的国际环境，向世界展现现代化的中国文明、民主、开放、进步的形象。

第二，加快推进现代化的传播体系建设，是提高中华文化辐射力和影响力的迫切需要。一个国家的文化影响力，在于它所蕴含的思想内涵以及它所具有的传播功能。文化交流的力量愈大，其文化的覆盖面愈广，其思想、文化与价值观便会遍及全球，对世界的影响力也就愈大。与欧美国家相比，我们的交流水平还落后于他们，这不仅制约了传统文化在全球的传播，也使我们无法将中华优秀传统文化的思想价值以及中国先进文明传播到世界各地。同时，我们在加深与不同国家、地区文化之间的相互沟通、相互理解方面还有很多工作要做。这就要求我们加强传播能力建设，加快我国的文化传播方式和传播手段向数字化转型，提高文化传播的科技含量，利用现代科学技术和手段提高文化产品生产和传播效率，增强中华传统文化的吸引力和影响力，更好地推动中华传统文化走出国门、走向世界。

第三，建立完善的现代化文化传播体系，是应对全球化挑战的重要举措，是应对国际传播体系不断变化、变革的重要对策。在当今的世界，科学技术突飞猛进，传播技术不断更新，传播的全球化越来越明显，在激烈的国际竞争中要想立于不败之地，就必须完善传播体系，加快与科学技术的结合，面向全球，参与国际竞争，拓展自己的传播空间，才能占据主动地位，实现传播资源最佳配置和传播效益最大化。

传播全球化不可阻挡，也无法回避，任何媒体如果不能及时融入国际传播体系，将失去在国际传播市场同场竞技的机会，也意味着在国际舆论竞争中自动弃权。这就要求我们积极适应国际传播发展的新形势、新局面、新挑战，坚持全球化理念，积极拓展自己的国际视野，做到国内传播与国际传播的统筹协调发展，做到经济社会与提高文化传播能力和质量的协调发展，要放眼国际，面向全世界，建设有重大国际影响力的国际顶尖媒体行业,提高我们所传播信息的质量,增强其所包含信息的容量,使来自中国的各种文字、声音等信息漂洋过海传播到世界每个角落,进入亿万家庭。

构建现代化的文化传播机制,就必须拓宽传统文化传播的手段和渠道,利用现代化的科学技术,打造综合性的传播平台。随着时代的发展,科学技术不断进步,高科技产品持续更新,互联网的发展进入一个新的阶段,深刻地改变了人们的日常生活和生产方式,丰富了文化传播的手段,文化传播渠道也不断拓展、延伸,例如博客、微博、QQ空间和手机简报等传播载体不断涌现。

面对这种局面,我们必须改变思想观念,主动迎合时代发展的潮流和方向,抓住历史机遇,整合现有的资源,积极响应网络、多媒体以及多渠道、多方式文化传播的新要求,充分发挥网络信息建设在传统文化传播和传统文化建设中的重要作用,实现电视、网络甚至手机的互相连通,以便传统文化传播有序进行。

此外,大力发展文化出版业、广播影视和形式多样的文化艺术,加大对大型公共文化工程的投入,着力增加文化项目建设投入在财政投入中所占的比重,构建完善的文化服务体系。党报党刊、通讯社、电台、电视台和重要出版社,是党的新闻宣传事业的主阵地、主力军,必须作为构建现代传播体系的重点。科技与传播历来紧密相连,利用好高科技载体和现代高新技术,发挥他们在传播方面的巨大潜能,使其产生不可估量的影响。谁占有先进科学技术,谁就占有传播的制高点。要站在科技发展的最前沿,丰富和拓展文化传播的手段和渠道建设,使我国的传播体系建设不断迈向传输快捷化、覆盖广泛化、影响深远化,使传统文化的传播更加广泛和深入人心,让人们随时随地可以用各种方式接受传统文化教育和影响。

2. 加大社会舆论宣传力度,创造良好社会氛围

舆论环境是第一软环境。面对市场经济日益发展和信息技术广泛应用的新形势,我们应该更加重视正确的舆论导向,切实提高舆论引导能力,加大文化宣传力度,面向社会,面向大众,不断提高正面宣传的能力。坚持团结稳定鼓劲、正面宣传为主,充分发挥主流媒体的引领作用和桥头堡作用,要通过新闻媒体和社

会舆论加强宣传，完善文化建设服务平台，引领健康的文化生活和文化潮流，扩大文化影响力。高度重视互联网等新兴媒体的应用和管理，提高网络文化产品服务和供给能力的同时，要切实加强网络舆情监测、分析和判断，及时发布权威信息，主动引导网上舆论，在重大问题上有所作为，在关键时刻有话说，牢牢掌握话语权和主动权。

要加大文化的宣传，就必须深入基层，面向大众，扩大群众基础。推进文化惠民工程，必须切实保障群众的基本文化需求和权益。同时在此基础上，我们要进一步加大工作力度和资金投入，提高服务质量和标准，改变工作方式和管理模式，鼓励和支持广大群众开展各式各样的文化活动，使广大农村地区和其他基层文化阵地范围不断发展壮大，充满活力与生机。要进一步健全机制，拓宽渠道，推进各项农村文化活动开展的经常化、固定化。继续普及广播、电视、电影进农村，建立健全农村文化信息和网络覆盖，完善农村文化服务体系，提高服务质量，实现资源共享，在广大农村建设一批重点文化建设与推广的惠民工程，形成完善的城乡一体的文化服务体系。合理配置城乡文化资源，把文化发展繁荣的重心放在基层，优先安排基层文化建设项目，大力实施"公益文化建设工程"，开展文化"三下乡""进社区""送书送戏送电影下乡"等形式多样的文化活动。大力宣传全国各地优秀的、具有特色的传统民俗文化和传统民族节日，例如，北京春节期间组织的各种庙会活动、西双版纳的泼水节、闽台地区纪念妈祖的仪式活动、蒙古族的那达慕大会等各式各样的群众性文化活动和节日，都需要通过电视、广播、电影、报纸、杂志、互联网等媒体，不断深化宣传，增强民族特色文化和传统文化在人民群众中的传播，夯实群众基础。

总之，建设完整的文化传播体系已经成为我国传统文化传承面临的一个重要课题和艰巨的任务，在今后的工作中，我们必须坚持新闻媒体和舆论导向的正面性和科学性，鼓舞、激励和团结全国各族人民；科学管理，合理规划，从制度创新上促进文化传播能力的不断提升，形成统一分配、分工明确、统筹发展的工作机制，形成富有效率的工作局面和态势。加大对主要新闻媒体的建设力度，使其在向科技化、数字化转型的进程中不断发展、壮大、成熟，扩大文化传播体系覆盖面。加大对新兴传播载体的发展的支持，促进主流媒体舆论引导的立体化、科学化，进一步提高我国文化传播的影响力和竞争力；必须不断提升文化传播内容的品质，把加强社会主义核心价值体系建设，积极培育和践行社会主义核心价值观与弘扬中华优秀传统文化结合起来，这样传播才有穿透力；注重传播人才队伍的建设，构建和发展现代传媒体系，提高传播能力，队伍是基础，人才是关键。争取文化建设人才队伍的规模化、合理化，培养一批具有高素质、高品德、懂技术、能创新的顶尖人才，使他们成为掌握现代高新技术和现代化管理理念的综合型、专门型人才，成就一批适应现代文化发展和全球化需要并有国际影响力的文化代表和专家。

发展健康的网络环境和氛围，是现代化传播体系的重要内容。我们要切实加大管理力度，对网络给予合理的、正确的引导，加大传统文化新闻性网站的建设，在网络上普及传统文化知识和唱响传统文化的主旋律，提高传统文化产品在网络上的创新能力和持续不断的供给能力。发展网络新技术，占领网络信息传播制高点。规范网上信息传播的秩序，抵制网络谣言自觉培育文明理性的网络环境。

第三节 优秀传统文化传播的策略探讨

一、优秀传统文化传播的内部优化策略

（一）从文化认同到文化自信的建构

1. 坚定文化自信，挖掘优秀传统文化的多层内涵

面对西方文化的渗透，我们不能全盘否定，这样不利于文化事业和文化产业全球化的发展，甚至会引发不必要的文化冲突。我们应该培养人们对于优秀传统文化的认同感，深度挖掘优秀传统文化的内在价值，让人们更加全面地了解到我们自己的文化魅力并形成强大的文化向心力和凝聚力。我们只有树立对优秀传统文化的自信心，与其他国家的文化进行大胆的碰撞交流，才能在世界文化中大放异彩，使中华优秀传统文化的价值得以延续。崇洋媚外的观念会忽视我国优秀传

统文化的独特性，从而使得人们不能准确地把握优秀传统文化的精髓，因此要建立以本土文化为核心的文化传播体系，在此基础上赋予优秀传统文化本该拥有的色彩。面对西方不良文化的渗透，我们要出台相应的政策，抵抗文化的侵蚀，并加强建设本国的文化事业。只有完善好本国优秀传统文化体系，人民才能更有文化底气，不断增强文化自信。

2. 以千磨万击还坚劲的坚定信念不忘本来

不忘本来，亦即在传承并弘扬中华传统文化发展之际，也要对某些糟粕加以去除，并保留精华的部分，充分地激发出中华优秀传统文化的积极影响，从而彰显中国传统社会文化的优越性。随着各民族文化交流和相互学习的深入，中华优秀传统文化应该抓住这样的机遇，在民族文化交流的浪潮中鲤鱼跃龙门，脱颖而出，吸取其他民族文化的核心精华部分，融合到自身之中，不断推动自身的进步与发展。所谓的"洋为中用"，最为核心的就在于"用"这个字。对于外来的文化，我们既要承认其先进性，也要看到其不足，对于先进的地方加以吸收，将之转换为自身的东西，对于不足的地方就要进行摒弃，而不是照单全收。如果在吸收的过程中对所有外来文化全盘吸纳，就有可能会出现不适应新环境的情况，反而导致自身的文化被取代、被消融，这是当前世界最为流行的"文化攻击"。所以，在实际的融合过程中，要用辩证的角度去看待，去融合，去吸纳，采取科学合理的方式方法，做到既对其他民族的先进文化进行引进，也保留本来民族特色，并对这一特色进行再发展，创造新的活力与生机。

新时代，就是要有千磨万击还坚劲的坚定信念，坚定不移地以本民族传统文化为主，从自身国家的角度看待文化融合，促进民族文化的发展，切忌盲目跟风。我们要充分吸收和借鉴外来文化融合的经验，也要认识到，不管是发展自身的文化还是融合外来文化，都要始终坚持自身的特色，以其为核心进行再发展、再创造。此外，对于纷繁复杂的外来文化，我们要始终保持为我所用的观点和态度，对于外来文化可以进行借鉴、进行融合，但是不能当成主体，一定要注意主体核心始终是我国优秀的传统文化。纵观全球文明演变的历史浪潮，可以看到，当前世界上的文明都是根据自己国家的特点而产生、发展的。所以在发展我国优秀传统文化时，要形成独属于自身国家的文化特色。

3. 以海内存知己的宽阔胸怀吸收外来文化

本着海内存知己的宽阔胸怀对外来文化加以吸纳和引进，交流互鉴，洋为中用。但这个吸纳过程并非无条件的，而是在一种合理的情况下，加以吸纳与融合，让它成为对自身文化发展的优良补给，从而促进自身的发展与壮大，使优秀的中国传统文化取得巨大的进步，并屹立于全球文明之林，拥有较高的影响力，成为文化全球化中不可或缺的一部分。在世界文明史的发展长河中，不仅是我国产生了优良的传统文明，还有一些国家也在历史发展过程中，产生了独特的民族文明，发展出了文明特色。受到自身生活环境和历史演进的影响，不同民族文化之间也是不同的，不论是在什么形式的艺术作品中，都能够感受到这种不同。在当前的时代背景下，将中华民族伟大复兴与文化发展结合起来，成了时代对社会主义强国建设的基本要求，国家只有拥有良好的民族文化，才能够实现伟大复兴，建立伟大强国，这是因果关系。因此，在吸收外来的文化时，我们要不断发展中华优秀传统文化，让其保持高昂的活力与精力，这样才能为国家繁荣富强提供充足动力，才能使优秀的中华传统文化拥有更为广阔的前景。

4. 以长风破浪会有时的激情豪迈面向未来

"面向外来，不忘本来，吸收外来，"这三者之间是一个平等的关系，三者之间相互交融，互补互助，共同孕育出华夏五千年文明，中华传统文化便是华夏五千年文明的产物。但是由于历史发展悠久，传统文化中势必会出现一些糟粕，与时代发展的浪潮相背离，成为我国走向文化强国的绊脚石。所以，中华传统文化在面向未来之际，一定要有"长风破浪会有时"的勇气去应对各种挑战，要用一种辩证的心态去对待传统文化。对待优秀的传统文化，我们一定要坚定地传承与弘扬，对待不好的传统文化，我们一定要摒弃、剔除，不能够有丝毫的侥幸心理。取其精华，去其糟粕，这是对中华传统优秀文化的基本态度。同时，对待传统文化还必须不断地推陈出新，并在原有继承的基础上加以扩展与延伸。

一方面，宣传普及学习传统文化知识的重要性，让人们对中华传统文化有一个清晰正确的认识，认识到传统文化的优越性，提高民族文化自信。在宣传的过程中，我们要不断地创新宣传方式，与时代相结合，既要有物质文化载体，也要有非物质文化载体。物质文化载体可以通过各种节日风俗，使文化得以表现、得以传承，例如清明节春游踏青可以体现清明节的文化。非物质文化载体可以通过编写文化教材，将传统文化写进书中，或者通过语言的方式传达给大众，例如各种宣讲、演讲活动等。

另一方面，要扩大文化影响力。很多优秀的传统文化受到局限的影响，难以被人们所熟知和了解。面对这一情况，我们可以通过电影作品、自媒体等渠道，对其进行加工包装，扩大其影响力，让人们更为熟知和了解。不忘本来和吸收外来很重要，而未来掌握在当下的手中，三者之间相互平等，相互融合。但是，前两者主要是为了适应时代发展的浪潮，其最终目的还是帮助传统文化能够在当下社会中获得发展，更好地面对未来，面对一系列新挑战、新机遇。因此，面对新时代，破旧立新，对传统文化进行创新，就是中华传统文化走向未来不可回避的重要路程。文化创新首先要将传统文化建设与中国梦结合到一起。民族文化与国家繁荣强盛本身就是相关联的，两者是紧密联系在一起的，这种结合不仅仅可以有效地推动文化创新，还能够满足人们日益增长的精神文化需求。中国是世界大国，传统文化的建设不仅仅是为了自身国家的发展，更是为了世界的进步，要将传统文化与世界进步紧密联系起来。只有这样，才能够使我国优秀传统文化建设与传播工作更好地开展。

（二）将传统优秀文化融入课堂教育

1. 构建中华优秀传统文化多元化教育

让优秀传统文化融入学校、家庭、社会等多元化的教育体系之中。为中小学生创造一个精良的传统文化学习氛围，通过课堂以及课外活动引导中小学生学习、了解优秀传统文化；构建与其相关的高等教育和理论研究体系。将学科专业与中华优秀传统文化结合起来，发挥高校在弘扬优秀传统文化中的重要作用，增强青年大学生对中华民族优秀传统文化的归属感和认同感，进而使其更加坚定对本民族文化的自信；推动优秀传统文化的社会化宣传，通过人民群众喜闻乐见的方式将优秀传统文化的宣传教育融入生活中。例如，开放博物馆展览，让人民群众直观地感受中华优秀传统文化；制作符合人民群众喜好的影视和文学作品，让人民群众在潜移默化中领略其魅力，进一步地加深人民群众对民族文化的自信心。

2. 完善教育体系，促进优秀传统文化全面融入

我们要想传承好、弘扬好优秀传统文化，教育体系的完善是必不可少的，这直接关系到优秀传统文化是否能长久地传承下去。因此，我们应该从教学内容、人才引进、教育评价体系等方面进行改善。

第一，在教学方面我们应该在小学、中学、大学的课程中加入与传统文化相关的教学内容，并结合他们喜欢的教学方式，这样可以帮助他们更加生动地了解优秀传统文化的生成与发展，不仅为他们的学习增添了乐趣，也挖掘出了传统文化在现代社会中的价值。让他们对认知中的优秀传统文化进行重新建构，以便于他们在日常生活中能够更好地践行。充分发挥学生的主体作用，我们要充分调动学生的积极性，让学生去主动地学习。老师可以多组织一些有特色的教学活动，例如组织学习兴趣小组，开展情景剧表演，制作传统饰品、传统服饰等，让学生更多地参与进来，得到更好的学习体验。

第二，在人才引进方面，中小学应出台相应的政策吸引更多师范院校的毕业生投入基础教育事业中，特别是与传统文化专业相关的师资力量更不能错过，要完善他们的基础生活保障，增加相应的福利来留住人才，让他们在传承优秀传统文化过程中贡献自己的力量。此外，学校要定期组织教学培训与考察，让老师们的知识体系更加完善，对于有缺漏的地方及时进行纠正，只有这样教学的效果才能得到保证。

第三，学校要与相关的文化机构进行合作，使得教学效果更上一层楼。学校应积极地拓展教学途径，可以与社会上研究传统文化的机构达成校企合作，这样可以第一时间接触到与传统文化有关的新鲜资讯，以便于更好地完善教学知识体系，让同学们接受发展中的传统文化，这样对于优秀传统文化的教育才能取得进一步的突破。

（三）挖掘深层次优秀传统文化的传播内容

对于新媒体时代优秀传统文化的传播，整合优秀传统文化内容，挖掘优秀传统文化内涵才是核心。内容是媒体发展的基石，只有精心筛选和组织内容，才能从根本上吸引受众的关注，达到理想的传播效果。首先，要明确优秀传统文化传

播的方向。其次，要深入挖掘优秀传统文化的内涵。优秀传统文化的传承不仅是重温革命史实和革命人物事迹等，更重要的是精神的传递、理想信念的传承，所以新媒体时代对优秀传统文化的传播要挖掘红色精神。最后，内容上要精准定制。新媒体时代，海量的信息极大满足了受众对信息的需求，但是大量同质化、煽情化的信息充斥各种媒体平台，容易误导受众，使优秀传统文化的传播效果大打折扣。

1. 明确优秀传统文化传播的发展方向

在新媒体和各种社会现象的冲击之下，我国传统文化的传播趋向复杂化，再加上我国传统文化博大精深的特点，又给其传播的内容和形式增加了一定的难度。随着经济发展的大融合，我国传统文化的传播受外界因素的影响较大，所以在传播过程中一定要明确发展方向，并保证发展方向的正确性。在这一过程中，我们一定要对传统文化进行深入的分析和研究，并将其中的优缺点进行系统的整理，在发展过程中做到"取其精华，去其糟粕"，对传统文化中的落后思想和愚昧观念要坚决地摒弃，以保证传统文化的良性发展。

2. 开展传统文化素养教育，提升传播内容的质量

当前，我国进入以计算机网络技术为主导的移动互联时代，媒介生态发生了变化，人人都被"赋权"成为信息生产者。在这种媒介环境下，通过开展传统文化素养教育，提高传统文化传播内容的质量，不仅可以让受众和媒介从业人员生产有深刻内涵的传统文化信息，而且提高了广大民众的文化素养。事实上，每个年龄层对于传统文化的理解程度和兴趣度都不一样，有关部门需根据各个年龄段可学的传统文化知识，对各类传统文化知识进行深入的甄别和筛选，仔细分析与整理，从而形成符合幼、小、初、高、大各年龄段认知规律的课程体系，将健康、优秀和适用的传统文化知识带入课堂。

对于幼儿园和小学低年级的学生，以传统文化启蒙为主，培育其对于传统文化的亲切感。通过教学和课外实践让学生感受汉字的魅力，感受古诗词蕴含的情感，初步了解传统文化习俗和节日，感受传统文化民间艺术的独特魅力，引导其践行中华民族尊敬师长、勤俭节约和吃苦耐劳等传统美德。

对于小学高年级的学生，以开展传统文化初步认知为主，帮助其了解中国传统文化的丰富多彩。通过教学和课外实践让学生逐渐认知各类传统文化的含义，

并培养其对于各类传统文化的兴趣。当前,上海市已进行传统文化进课堂的尝试,把《中华优秀传统文化经典诵读》作为课本,供小学生诵读。

对于初、高中阶段的学生,以增强学生对于传统文化内涵的理解力和理性认识为主,引导其提升对于传统文化的认同度,增强其对于传统文化的自信。通过课堂和课外,全方位提升学生对于传统文化的理解和兴趣度。

对于大学阶段的学生,以提高学生对传统文化的自主学习和探究能力为主,培养学生对传统文化的创新意识,提升学生传承传播传统文化的责任感。中国传统文化博大精深,教授传统文化知识非一朝一夕之事。在当前的课堂教学中,传统的黑板教学和死记硬背早已不适合学生的全面发展,即将面临淘汰,推进传统文化教育应寻求一种更为丰富和科学的教学方式,并利用好课外阵地。传统文化教育具有系统性,在进行课堂教学前需对课程体系、教师、教材和教学方式等进行科学设计和评定。

传统文化应以多课堂嵌入的模式开展教学,从家庭到课堂再到学校内外,都可以成为学生学习传统文化的场所。例如,在校内,开展传统文化艺术演出、历史人物及典故演讲比赛和经典作品赏析公开课等;在校外,充分利用历史博物馆、历史文化名镇和非物质文化遗产基地等资源组织学生参观,并利用暑期等假期对教师进行培训;在家庭中,加入传统文化知识互动。通过各种方式将传统文化知识和趣味性结合,进行教学手段创新,让学生进行360°全方位的传统文化学习。目前,云南创办暑期班主任传统文化知识学习班,有400多名一线教育工作者参加,广大教师取得了突出成绩。长沙一所小学创办泥塑、剪纸和中国画等课外兴趣班,将趣味性融入了传统文化的课堂。安徽一所学校将五禽戏作为课间操,让孩子们在进行体育活动时学习传统文化。当前多样化的传统文化培训,让广大教师与学生的传统文化素养有所提高。

对于媒介从业人员来说,关键是提高媒介从业者对传统文化的认知水平,从媒介传播的源头提升传播内容质量。传统文化媒介从业人员需要进行各类传统文化知识的深入学习,通过不断提升传统文化知识的认知来提升传播内容的质量,例如,各媒体对媒介从业人员增设传统文化相关课程、创办媒介人员传统文化交流群和参加传统文化线上活动等。当前,媒介环境越来越复杂,媒介信息的传播扩散速度加快，越来越多的传统文化不良信息出现在公众视野，以往口耳相传、所见即真理的理念已不再适用。传统文化媒介从业人员需培养受众对媒介和各类信息的理性判断和思考能力，以防御各种不良信息对个人和社会产生不良影响。进行传统文化素养教育有利于传统文化传播人才的培养，对传统文化的传播发展也有一定的推动作用。

　　总的来说，在新媒体和各种文化以及市场经济发展的冲击下，我国传统文化在传播的过程中，会受到网络不良风气的影响，一方面影响着受众的思想素养，另一方面传统文化的传播内容也受到群众思想素养的影响。因此，在进行传统文化传播的过程中，应该开展传统文化素养教育，保证传播内容的优良，一方面对受众起到教化作用，另一方面也使我国的传统文化获得更好的发展。除此之外，可以在学校教育中融入传统文化相关教育内容，选择适合各个年龄阶段的内容，以保证从课堂就开始培养受众的文化素养。如此一来，我国的传统文化就能实现更好的传承与弘扬。综上所述，新媒体时代的到来，为我国传统文化的发展提供了新的契机，使我国传统文化能够以新的传播形式呈现在人们的面前，更加丰富了传统文化的内涵和意义。同时，面对新环境的挑战，我国传统文化在传播过程中还存在很多问题需要改善，所以我们一定要抓住机遇，利用新媒体技术对传统文化的传播形式进行创新，并确保传播质量、传播效果以及传播内容都能够更好地呈现出来，进而促进我国传统文化的继承和发展。

　　3.注重中国文化传播内容的多样性

　　中国文化内容丰富，类型多样，但在YouTube（视频网站）平台上传播的中国文化类别有限，以中国节日、中国历史、中国传统习俗、中国饮食文化为主，容易使受众对中国文化产生刻板印象，一提到中国文化，只能想到春节、剪纸、饺子等文化符号。在中国文化传播过程中不能单一地、集中地传播同一类型的中国文化内容，尤其是一些传统文化，例如戏曲、中医、刺绣等，这些类型的文化与受众的生活交集较少，无法达到情感共鸣，在中国的传播也并不广泛。中国文化多种多样，例如音乐、舞蹈、绘画、武术等，我们可以选择受众感兴趣的、受众容易接受的中国文化进行传播，但是要注重中国文化传播内容的多样性，避免受众的刻板印象与文化符号固化，让受众了解更多的中国文化。

4. 加快对中华优秀传统文化资源的整理和发掘

通过国家牵头对优秀传统文化资源进行整合、开发，同时深入挖掘各地区、各民族的优秀传统文化资源，并加大宣传力度，使其散发出新的魅力；抢救濒临消失的优秀传统文化资源，重新整理并结合时代需求，使其焕发出新的活力；合理地把中华优秀传统文化资源与经济、科技融合起来，建设具有时代性的先进文化产业；通过应用数字技术和新媒体技术，让人民群众更好地、更直观地感受中华优秀传统文化之美，使人民群众更加坚定对民族文化的信心。

5. 及时对中国文化负面形象纠偏

在中国文化的国际传播中，YouTube平台的高浏览量视频存在一些对中国文化的负面理解。这些视频对中国优秀传统文化的传播起着阻碍作用，影响受众对中国文化的认知，因此我们要及时纠偏。对于莫须有的抹黑与诋毁，我们要坚决防范与反击。

6. 媒介数字化编码，坚持"内容为王"

当代文化研究之父斯图亚特·霍尔（Stuart Hall）曾提出，电视话语好比商品，也要经历马克思主义所描述的生产、流通、使用、再生产四个环节。电视话语的生产环节即信息的编码，信息的使用和再生产环节即信息的解码。也就是说，编码是针对传播者而言的。数字时代的现代传播特征要求编码者根据现代语境，对传统文化进行视觉化语境编码，也就是媒介化的编码。

编码过程中，编码者按照数字化的特征，根据传统文化的社会符号、社会现实、时代特征和文化发展战略重新定位传统文化，将口头上、文本上、生活中、图像视频中存在的传统文化在特定的信息技术平台按照传播者和受众共同认可的数字化标准进行数字化传播。传统文化在新媒体平台的传播实则是一个改编过程，对于传播者和受众而言，都是一个意义的梳理、展示、诠释和再创造的过程。传统文化的现代化传播需要增强传统文化与数字化的契合度，在编码过程中应注重内容的信息标准化传播，避免数字化传播内容出现内涵和意义上的缺失。

目前，互联网成为人们接受和传播信息的重要渠道，为了"博眼球"和赚取高点击量，越来越多的低俗化内容进入生活中，一些传统媒体"内容为王"的优良传统渐渐消失。但是"中国孔子网"在一定程度上做到了"内容为王"的传播。

"中国孔子网"不仅有普通的"文化资讯"版块，还包括"儒墨丹青""中华文化""儒学图书馆"等深度文化知识版块。"中国孔子网"的编码者在进行孔子文化信息生产的过程中，坚持"内容为王"原则，深度挖掘已有传统文化资源，多元化深度解读和呈现儒家文化知识，并融入时代活力，展现了孔子文化的重要价值。

互联网成为人们接收和传播信息的重要工具，当前传统文化传播需要依靠互联网和移动互联的数字技术，电脑端和手机端都可以利用数字化技术来传播传统文化。传统文化专业性网站面向的受众广泛，提供的传统文化信息详细，具有一定的优势。在传统文化网站中加入VR（虚拟现实）等数字技术，让受众在学习传统文化时得到视听结合的新体验。故宫博物院的网站最新推出"V故宫"版块。利用VR技术展现故宫两个宫殿的全景，传统文化在VR技术的衬托下变得更加生动灵活。手机App成为移动互联时代信息传播的主力军，手机App是数字技术产物，传统文化与手机App的结合为传统文化的传播带来发展契机。"中国孔子网"推出其App，并在App上推出孔子电视节目和祭孔大典的直播。已有数据表明，网络直播已成为我国网民上网的重要组成部分。"中国孔子网"的传统文化网络直播顺应数字化的发展潮流，其祭孔大典的全程直播展现出祭孔大典的种种细节，是一种对祭孔文化的深度描述，而这种高品质的叙事也展现出传统祭祀的一种意蕴。通过网络直播让受众体验现场感的同时，也可以实现即时互动，提高受众实际的参与度，加深受众印象。

（四）寻找传承新形式，焕发文化新活力

我们深知只有跟紧时代的步伐才不会被时代所抛弃，传统文化虽然是生成于历史中，但其要想焕发出新的生命力就要寻找新的传承方法使其与时代接轨。众所周知，我们处在信息化的时代，要想更好地传承优秀传统文化，必须利用好网络、媒体等科学技术手段，使传承的效果事半功倍。因此，在进行优秀传统文化的宣传过程中，我们除了运用传统的纸质化的宣传手段，还可以与新型宣传方式相结合。例如，创办优秀传统文化的网站、开发学习传统文化闯关游戏、传统文化知识竞赛等。利用大数据平台收集不同受众对于传统文化的学习倾向，以便有针对性地进行传统文化的推送。此外，我们还可以定期举办不同主题的电子展，利用 3D 技术，使人们对于传统文化的学习探索有身临其境的感受；我们也可以在社区组织传统文化情景剧表演，或请专业科研人员进行科普，或根据地方特色开发不同的传统文化衍生品，例如手办盲盒、独特文化美食等。通过各种方式更好地展现传统文化的魅力，在社会中形成弘扬传统文化的良好氛围，这样对传承优秀传统文化是十分有益的。

（五）推动传统文化自身革新，融合其他有益文化

一种文化要想拥有长久的生命力，一方面来源于后人对它的保护，另一方面来自它自身的变革与发展。我们现在必须把文化看作一个过程，而不是一个已经完成的作品。传统文化也必须适应时代的发展，随着时间的推移，传统文化自身的文化体系也要一步步地进行完善，才能够适应人类进步的方向。例如，传统文化可以和民族文化相融合产生新的文化体系，适应不同民族文化的发展，这样既传承了优秀传统文化，又打造了新的民族文化，促使文化繁荣发展。优秀传统文化是中国的，也是世界的。优秀传统文化除了与中国民族文化结合，也可以与西方有益文化相结合，碰撞出不一样的火花。这样加以创造性地吸收转化，能够更好地促进文化交流，让我国优秀传统文化"走出去"。例如，在庆祝传统节日时，我们可以学习西方将节日庆祝形式多样化，这样更符合现代人们对于文化的需求，更能让人们感受到文化中所蕴含的乐趣而不是拘泥于形式。优秀传统文化是祖先留给我们后人宝贵的精神财富，在现代化的发展进程中，我们不仅要追求物质生活的高标准，还要追求精神生活的富足。我国优秀传统文化在新时代面临许多的困境需要我们去解决，只有这样，我国优秀传统文化才不会在现代化的进程中逐渐落后，才能够焕发出新的发展生机，才有利于提升人民对优秀传统文化的认同感，树立坚定的文化自信。

二、优秀传统文化传播的外部优化策略

（一）强化国际竞争力，引领国际数字文化产业发展

随着全球化的快速发展趋势，数字文化产业在全球化背景下对经济效益的引

领、文化发展方向的指导都有着重要的作用，同时，它也是国际竞争力中的一大支柱产业。因此，我国应重视数字文化产业的国际性。首先，应根据目前数字文化产业形式，确定我国数字文化产业发展方向和市场定位。其次，应结合国际先进的生产方式包装我国数字文化产业及产品，其中应主要以我国民族特色为主要设计元素，以此使产品更具国际性的同时显现我国的数字文化产业特色。最后，应创建具有国际竞争力的大规模企业，从而开拓国际市场。

在文化对外传播的过程中，手机应用可以成为主要的发展方向，从而全面、高效地传播中国声音和中国历史。借助5G通信、大数据等先进技术，通过不同的数字文化产业更好地捕捉外部传播的差异化和个性化需求，重新设计文化传播的内容和形式。同时，在虚拟现实和先进现实技术的支持下，在我国数字文化产业传播的过程中，可以为受众营造虚拟的文化语境，将线上线下进行结合，更好地开展文化的交流以及互动。由于世界文化具备多样性这一特征，不同的国家、民族无论是文化观念还是社会制度都存在一定的差异。然而，无论是何种人群，对于真善美的追求是不变的。在我国优秀传统文化对外传播的过程中，应当打破受众心理上的界限，最终达到触动人心的效果，因此在文化传播的过程中，可以运用合理的方式，对中国故事进行讲述，最终激起大家的认同感，充分体现我国文化的内涵。除此之外，在"一带一路"建设过程中，可以针对沿线国家结合当地的特点进行文化传播内容的创新，针对不同的文化群体进行传播，最终充分挖掘我国文化的潜力，提高文化认同感。

（二）大力弘扬可持续发展策略，打造传播队伍

可持续发展策略是适应资源有效利用的最佳发展理念，文化传播的可持续发展是与其他产业和谐共存的重要途径，以此实现文化传播的持续性。首先，应对文化传播资源进行调查和评估，不同的文化资源其表现形式也不同，应根据其性质提出符合持续发展的策略。其次，要对我国的文化传播进行全面保护，减少文化的流失，使我国特有的文化得以弘扬和传承。人才是文化产业发展的基础。文化传播对人才的要求非常严格，必须参与"一带一路"文化传播的对外交流过程，在中国和目标国家的文化和语言环境中培养综合沟通技能，将我国优秀传统文化

转化为目标国家人民易于接受的内容，通过文化符号实现意义的转换。

（三）创新传播形式，实现多媒体、多形态传播

1. 灵活运用传统文化 IP 改编的传播形式

在现代化的传播环境下，传统文化要适应当前的传播语境，需要进行形式上的创新。媒介市场是以卖方为核心的市场，对于传统文化 IP（所有成名文创作品的统称）改编传播来说，不仅要进行传播语境的改编以迎合当前传播趋势，更要满足受众的消费需求，为实现传统文化的 IP 效应打下基础。近年来，我国电影产业发展迅速，成为人们文化消费的重要类型之一，给我国带来了巨大的经济效益。电影作为一种带有经济效益的传播形式，不仅有娱乐大众的功能，还能起到传承传统文化、教育观众的作用。通过电影这种形式传递传统文化信息，把传统文化以艺术的形式呈献给观众，让观众观看电影的同时接受传统文化的熏陶。例如，动画电影《功夫熊猫》和《花木兰》等，将中国传统文化元素和古典文学故事融入电影的创作中，木兰从军的故事让现代人了解到了古代的故事，太极拳、功夫、熊猫和亭台楼阁让更多的人了解到中国文化元素。这类传统文化 IP 电影通过市场化的运作，带来一定的社会影响力。遗憾的是，这两部反响不错的电影皆由美国知名动画公司出品。

手机网络游戏已成功超越传统 PC 端网络游戏，成为网络游戏的重要组成部分，手机网络游戏为传统文化的 IP 改编传播提供了新的可能。年轻的"90 后"和"00 后"是伴随移动互联网的发展而成长起来的人，作为数字化时代的原生居民，他们已经习惯与手机相处相伴，手机已经成为他们接收和传播信息的重要工具。与此同时，"90 后"和"00 后"也是手机网络游戏的忠实用户。因此，通过手机网游 IP 改编传播传统文化，可提升青少年对传统文化的认知度。腾讯公司推出的手游《王者荣耀》，运用传统历史人物作为战斗英雄供用户使用。公司于 2017 年 8 月宣布，将成立传统文化专家顾问团，聘请民俗、文学、音乐、历史等方面的专家加入。越来越多的传统文化通过 IP 改编这一传播形式进行创新传播，在传播过程中深度挖掘传统文化资源，通过各种媒介传播呈现给受众。IP 改编的传播形式，无疑是当前传统文化可行的创新传播路径之一。

2. 迎合受众喜好，传播中国文化

在传统的大众传播中，受众只是被动地接收传播者所传播的信息。在网络传播中，受众的选择权、自主权得到了很大的提升，可以根据自己的兴趣和喜好在网络中查找自己感兴趣的信息。越符合受众的喜好，越容易被接受，才能吸引受众的注意力，使受众接受与认可发布者所传播的中国文化内容。因此，要迎合受众喜好，传播中国文化。

由于不同文化间的差异，国外受众较难理解和接受与其文化截然不同的中国文化，尤其是其中的精神文化部分。但是，他们非常喜爱熊猫这个形象，如果将中国文化形象与受众喜爱的熊猫巧妙地结合起来，就能帮助受众理解与接受中国文化。例如，2022年冬奥会的吉祥物"冰墩墩"就是以熊猫的形象设计的，它成功吸引了无数国外运动员。他们在自己的社交平台大量发布相关视频，为国际文化交流架起了重要的沟通桥梁，也进一步展示了中国和平友善、开放包容的文化形象。因此，我们可以通过熊猫的视角介绍中国文化，制作系列中国文化视频，让受众在观赏熊猫的过程中了解中国文化，在文化交流的过程中达到传播中国文化的目的。

3. 推进传播渠道建设

在新媒体时代，应打破不同媒介间的障碍，实现平台互通、资源共用、优势互补，促进媒体间的融合发展，构建适应新媒体时代优秀传统文化传播的大平台。

首先，扩大优秀传统文化传播的载体。优秀传统文化的传播要借助新媒体平台实现传播目的，必须不断扩大传播载体，努力为优秀传统文化传播提供新阵地。加强红色网站建设，在网站设计上融入最先进的文艺元素，展示时代性，在内容上精挑细选，主动设置议题，策划不同主题。

其次，加强媒体平台间的联动合作。加强新媒体和传统媒体的融合发展，将传统媒体的权威性和新媒体的灵活性相结合，充分发挥两者所长，形成合力，优势互补，共同为优秀传统文化传播当好桥梁，增强传播效果。

4. 推进优秀传统文化微传播

文化发展的每一阶段，都受到特定媒介的支配，每一种新的传播方式和传播技术的兴起都毫无例外会引起文化的变革。随着传媒技术和互联网的发展，微时

代到来，人们的交流方式、信息发布模式、意见表达习惯等都发生了新的变化，优秀传统文化传播也要顺应媒体发展潮流，利用微时代，努力推进"微时代+优秀传统文化"相结合的全新传播方式。

首先，选择适合微传播的内容。我国优秀传统文化资源丰富。优秀传统文化的微传播，要求必须选择适合微传播的，具有简捷、快速、直观等特点的内容。

其次，运用适合微传播的语言。微传播的受众以广大的青年人为主体，优秀传统文化的微传播在语言上要改变传统媒体时期的灌输性语气，从生活出发，贴近群众，用广大网民所喜闻乐见的方式，用大众化叙事视角进行创作和传播，满足受众碎片化、形象化、快餐化的信息接收习惯。

5. 不同主体优势互补，助力中国文化传播网络

由于视频制作的门槛比较低，无论是媒体机构，还是普通个人，都可以在网络中发布中国文化视频，传播中国文化。发布者的多元化拓宽了中国文化的传播渠道，也冲击了过去占有优势地位的传统媒体。受众处于多元化的文化传播环境中，为其提供了更多选择。普通个人、媒体机构与教育培训等都是中国文化传播过程中的一分子，有着同样的追求，即传播中国文化，让国外受众熟悉和了解中国与中国文化，赢得受众的好感，改善中国文化形象，避免受众因错误信息对中国产生误解与偏见。

媒体机构是中国文化传播中的重要组成部分，粉丝订阅数高，受众群体较广，权威性高，传播内容质量好，受众关注程度高。普通个人传播自由度较高，发布的视频内容主题多样，有着充足的创新动力，也是中国文化传播中的主力之一。普通个人比较接近受众群体的情感，这种接近性会让受众产生一种"同体观"的感受，把传播者的视角当作自己的视角，认为传播者是站在自己的角度传播中国文化，受众的接受度就会更高，取得中国文化国际传播的积极效果。教育培训专业性较强，在中国文化传播中，发布的视频内容多是国际中文语言与文化资源，供受众进行非正式学习，增进自己对中国语言与文化的理解。不同发布主体有着自身的优势，仅仅依靠其中任何一方，都无法做好中国文化传播的工作。因此，不同主体要优势互补，共同助力中国文化传播。

(四)灵活利用数字技术助力优秀传统文化的传播

1. 利用新媒体平台进行有效传播

新媒体为传统文化的传播提供了完善且全面的传播平台,在互联网技术飞速发展的今天,新媒体平台不仅数量众多,而且涉及的内容非常广泛,能够保证相当数量的受众。另外,利用新媒体平台,还可以实现传统文化的跨媒体、跨平台传播。这种形式在现代技术的推动之下,已经成为一种主流趋势。所以,利用新媒体平台,对传统文化进行广泛的传播,可以同时获得线上、线下双重性质的认可。鉴于此,传统文化传播应该采取积极主动的态度,利用新媒体时代的便利条件,打破不同传播媒介之间的隔阂,进一步加深传统文化传播的深度和广度。

短视频作为文化传播的载体之一,具有非常有利的优势。短视频具有碎片化娱乐、社交属性强、创作门槛低的特点,更适合受众参与,所获得的传播速度与力度也更强。观看短视频是用户休闲娱乐、获取信息、学习的重要方式。在移动互联网时代,受众的时间处于碎片化的状态,短视频能够快速抓住受众的注意力。因此,从移动互联时代的受众心理来看,中国文化视频发布者应该积极在YouTube等国际平台发布中国文化短视频,获得更多受众的参与和关注,增强中国文化的传播效果。

2. 发挥主流媒体话语权,让中国声音掷地有声

纵观中央电视台的电视节目,各类传统文化的价值形态被融入各种电视节目,从早期的《百家讲坛》《国宝档案》,到后来的《中国汉字听写大会》,央视成为主流媒体传播传统文化的典范。《中国诗词大会》中对传统诗词的认知,影响了受众对于中国古诗词进行提炼的中国传统文化价值心理认同的构建,因此在这个过程中,央视作为主流媒体,其话语权在其中起到了非常重要的作用。

传统文化是内涵和意义极为丰富的文化形式,当前电视媒体仍然是其最为主要的传播方式,而各大主流电视媒体是传统文化传播最为重要的践行者。也就是说,主流媒体处在场域的中心地带,监视着周围的其他传播场域,它本身具有一定的权威性,其生产传播的消息具备一定的影响力。它凭借这种优势,通过传播一定的话语来对受众进行一种引导,并进一步影响受众的行为。主流媒体作为媒

介权力的中心，拥有一定话语权，它不仅能够吸引社会上的普通受众，还能吸引具有一定社会影响力的受众，并且中国传统文化作为主流文化，它的传播、传承和社会影响力的建构，需要主流媒体的宣传和报道。主流媒体本就具备传播传统文化的优势，《中国诗词大会》借助主流媒体央视的这种话语权，在传统文化诗词的传播场域中，形成了一定的权威。借助这种话语权，"中国诗词"等对大众的心理和态度进行潜移默化的引导，让受众逐渐认同节目的宗旨和其中关于诗词的理念，进一步对受众关注和传播诗词文化的行为产生影响。这种影响不仅仅只作用于受众对诗词的认知层面，还影响到受众对于诗词这种传统文化的认同和自信的建构。媒介虽然不会决定受众的具体看法，但是可以通过强调信息的重要程度左右受众的意见。利用主流媒介的话语权，增加各类媒介在各个场域中对传统文化的报道，有利于提升民族自豪感，可提升受众对传统文化的认同度，进一步形成中华民族的文化自信，树立中国文化大国、文化强国的形象。

3. 利用媒介的文化传承功能进行文化认同引导

传承传统文化与传播传统文化是密不可分的，传承传统文化就要重视大众传媒的作用，利用其文化传承功能进行文化认同的引导。《中国诗词大会》运用电视这一大众传媒进行大众传播，将中国传统诗词进行电视化的解构，很好地诠释了大众传媒的这一功能；《人民日报》通过报纸对各类传统文化信息进行报道，将各类型的传统文化信息进行纸质化的报道，也诠释出大众传媒这一功能。而网络也有这种功能，《中国诗词大会》节目中参赛者答题的诗词人们大都耳熟能详，这使得观众在观看节目的同时能够唤起回忆，引发共鸣，更好地参与其中。节目播出后，微博话题阅读量达1300多万次，排名微博综艺榜第二位，节目播出期间吸引了120万观众参与互动。节目既富有知识性，又不乏故事性，观众更易提起兴趣，甚至愿意在节目结束后了解更多的诗词，这正是各类媒介媒体文化传承和社会舆论正向引导功能的体现，而这种引导作用，也在一定程度上激发了大众对于我国优秀传统文化的认同。当前，许多电视公益片以传统文化的地域文化为主题，这也是一种对地域文化的传承。

大众传媒要在传播过程中对受众进行引导，首先，传统文化在媒介传播过程中要实现时代性的转换，充分与社会主义核心价值观结合，发挥社会主义核心价值观的凝聚力。例如，央视推出的《经典咏流传》节目中，由乡村教师梁俊带领山里的孩子传唱的古诗词《苔》，赋予了古诗词极具时代内涵的价值，感动了亿万观众，传统文化展现出新的生命力和文化价值。其次，展现媒介对于传统文化通俗性解读等内容，挖掘传统文化深刻内涵。除此之外，更要发挥媒介文化传承的正确导向，消除消费主义和泛娱乐化的影响。传统文化传承任重而道远，在此，我们期盼通过大众传媒对传统文化的传播，从而加深人们对于传统文化的文化认同、文化自信，最终达到文化自觉。

4. 传统文化资源数字化包装，实现多用途传播

数字技术出现前，传统文化一直采用原始的纸质形式进行保存和传播，一旦遇到突发情况，很容易受到破坏，导致消亡的后果。数字化技术出现后，传统文化出现新的保存和传播方式，移动宽带网络技术和数字媒体技术为传统文化的保护与传播提供了强有力的技术支持。在当前媒介环境下，要把数字技术当成传统文化传播的工具。

首先，利用先进的数字技术将已有的传统文化资源按不同类型分类，咨询各类传统文化大师将各类型传统文化的产生背景、主要内容、传承者、技艺展现形式和传播传承现状等进行数字化编码并储存。

其次，将珍贵的传统文化视频和图像资源通过数字摄像技术储存。

最后，将两者合并，建立一个传统文化的专属数字化数据库。数据库资源建立后，再利用数字化技术导入触摸式阅读屏，放在各省市图书馆馆藏资源或高等学府，供大众阅读、学习。数据库资源也可以通过网络进行分享和传播。例如，"中国孔子网"是依靠数字技术建立的专业性传统儒家文化网站，电脑端和手机端App都可进行浏览学习，网站面向的受众广泛，提供的儒家文化信息详细，在儒家文化数字化传播转向方面具有一定的优势。"中国孔子网"建立儒家图书馆在线数据库资源，推广儒家文化。网站利用先进的数字技术将已有的儒家文化资源按不同类型分类，例如，"儒学部""史志部""诸子部""文艺部"，将不同类别的书目放到数字图书馆供读者阅读。"孔子学堂"的栏目将讲解儒家文化的视频和图像资源通过数字摄像技术进行储存，然后进行数字化编码放到网站上，供大众学习。

传统文化专业性网站面向的受众广泛，提供的传统文化信息详细，具有一定的优势。在传统文化网站中加入VR（虚拟现实）等数字技术，让受众在学习传统文化时得到视听结合的新体验。故宫博物院的网站最新推出V故宫版块，利用VR技术展现故宫两个宫殿的全景，传统文化在VR技术的衬托下变得更加生动灵活。数字化的传统文化资源可供长期保存，既给受众学习传统文化知识提供了便利条件，又为其深入学习传统文化知识提供了途径，是当前传统文化数字化传播的有效路径。

（五）让"一带一路"倡议助力优秀传统文化的传播

提升中华优秀传统文化在"一带一路"沿线的影响力是一项系统的、复杂的长期性工程，需要我们做好科学的路径选择，通过改革我国文化体制，革新文化传播模式，构建灵活高效的人文交流体系，有序地开展文化交流活动，将"一带一路"建成一条多元文化互鉴共荣的文明之路，将我国优秀的传统文化真正传播到沿线人民的心中。

1. 以文化体制改革为内在动力，推动中华优秀传统文化传播

（1）加强顶层设计，优化文化传播生态环境

当今世界，一个国家文化产业的发展态势很大程度上彰显了其综合国力，一些老牌文化强国在国家发展战略中把文化传播纳入其中。"一带一路"倡议为全面推动中华优秀传统文化稳健、有序传播创造了难得的机遇，我国应当从战略高度加强国家顶层设计，统筹把握"一带一路"文化发展方向，科学布局"一带一路"文化传播格局，引导构建和谐的文化传播环境，为沿线各国间文化交流奠定合作基础。

首先，我国应当积极与沿线各国、各地区制定多边文化互动交流合作机制，签署文化交流合作协定，引导各参与方统筹协调，建立有效的风险研判机制、应急管理机制与信任机制。要建立高层磋商机制，通过对各项重大议题充分沟通而达成共识，推动文化合作协定落地生根，实现战略和规划的对接，为"一带一路"文化建设提供行动指南，促进优秀传统文化对外传播。

其次，整合、协调各方力量形成强大合力，优化资源配置，完善文化产业发

展的相关法律法规，促进对外文化贸易环境规范化、法制化，形成以政府为核心，以社会、企业投入为主体的政策保障体系。加大对与"一带一路"沿线国家开展文化贸易相关企业的扶持力度，例如，增加专项资金规模、加大企业融资力度、简化文化产品出口手续、增加出口补贴等，激励企业研发出更具创意的文化产品，培育出更多优质的、富有传统特色的本土文化品牌。

最后，主动作为，主导构建开放包容的文化交流平台、平等互鉴的文化产业信息服务平台以及生气勃勃的民意互动沟通平台，通过开展文化交流年、举办博览会等活动，主动与沿线国家开展多层次、多领域的合作对话，消除沿线不同文明间的冲突、隔阂，打造"一带一路"倡议背景下中华优秀传统文化"走出去"的重要窗口。

（2）加大文化创新，大力建设文化产业

创新是引领文化繁荣的力量源泉，不但能够增强国民的文化自信，更能推动优秀传统文化的持久发展。

一是要把培育和践行创新意识、品牌意识融入优秀传统文化的转型发展中来，抓住其精髓，注重保护好传统文化价值的丰富性、系统性，把握好传统文化元素创新尺度，促进传统文化在推陈出新中保持与时俱进。

二是要充分利用文化市场的调节作用，生产出满足大众需求、市场反响强烈的文化符号与产品，优秀传统文化的深厚内涵才能够深入人心。

三是要想促进优秀传统文化在现代社会的转型发展，就必须挖掘适应新时代的优秀传统文化资源，结合现代化审美，对其进行创造性的再开发，赋予其崭新的时代价值，提升其文化内涵与文化产品附加值，展示其中所蕴含的中国智慧、中国精神。

随着"一带一路"倡议的不断深化，实现文化产业的健康发展，对于我国在国际文化博弈中占据主动地位，向世界弘扬中华优秀传统文化的核心理念，推动建立起一个更加开放、公平的国际文化新秩序意义深远。为此，大力建设我国传统文化产业势在必行。

第一，要按照高技术化、高关联化、高附加值的现代文化产业体系要求，优化传统文化资源配置，调整传统文化产业结构，提升传统文化服务水平，推动优秀传统文化产业跨越式发展。

第二，文化产业要以内容为王，必须开发具有传统特色的文化项目，挖掘具有鲜明地域特点的文化产品与服务，开拓具有民族特色的古丝绸之路民族艺术、工艺等文化合作项目，激活独具一格的传统文化基因。

第三，将文化对外贸易纳入中华优秀传统文化对外交流的总体框架中，积极探索传统文化产品与服务的出口模式，重点培育具有特色的文化贸易企业和项目，优化文化产品出口结构，扩大我国传统文化要素跨区域自由流动，推动优秀的传统文化产品在竞争激烈的国际市场中站稳脚跟。

（3）加大"一带一路"人才培养和智库建设力度

中华优秀传统文化在"走出去"的过程中，人才是文化创新的核心竞争力，是增进各地区、各民族之间信任的纽带，是文化建设领域最重要的战略资源。要想在激烈的国际竞争中占据主导地位，关键性人才必不可少。加强"一带一路"文化人才队伍建设，以人才提供智力支持，始终是提升我国优秀传统文化在沿线影响力的关键，这就需要我们加强对跨领域、跨文化、高素质的综合型人才的培养，主要是精通当地历史文化、风土人情和政策制度，具备扎实的理论基础、深厚的国学知识，以及拥有跨文化交际能力和国际化视野的专业化语言类人才。语言融通是推进"一带一路"文化建设的先导工程，使用当地世代相承的语言以及交流方式进行沟通，才能够真正融入当地环境，理解当地民众思维方式，促进多层次的文化交流。目前，国内语言类高校已经有所行动，以探索符合新时期我国全球化进程与"一带一路"文化建设中语言人才培养机制为目标，采取举办学术研讨会、开设非通用语言类专业等形式，大力培养语言类人才。但是，目前国际汉语传播教育和国际语言文字研究等相关专业的高校覆盖率并不高，扎实推进"一带一路"语言类人才培养，必须完善高校人才培养机制，树立明确的培养目标，有步骤地全面覆盖沿线国家非通用语种；与沿线国家语言学院合作培养非通用语人才，进一步提升学生语言掌握能力；通过企业与高校对接，着力培育一批相关外语水平优异、精通国际贸易市场运作规则、符合市场需求的文化贸易复合型高质量人才。

另外，要通过对沿线各国的文化市场调研分析，掌握各国本土文化人才分布状况，搭建"一带一路"人才引进政策桥梁，加快构建本土文化社区平台，完善人才选拔任用、激励保障和管理机制，形成良好的人文气候，吸引各国本土化高端紧缺人才，合理配置人才资源。要了解"一带一路"沿线国家当前的民众文化消费需求、文化发展状态等，这些都离不开文化研究智库提供参考。新型智库建设为中华优秀传统文化在沿线的传播提供了智力支持。打造"一带一路"文化研究智库，重视人才储备，通过与沿线各国文化智库对接，总结出潜在的文化市场对各类人才的需求，更精准地培养精通中外特色文化、具有国际视野的跨文化人才。充分考虑"一带一路"沿线各国的资源优势，结合学校教学、科学研究和企业实践，构建一个符合各国文化发展特点的多元化人才培养模式，形成供需平衡的人才结构，加快我国优秀传统文化传播步伐。

2. 以革新传播模式为基础，推动中华优秀传统文化传播

（1）拓宽文化传播渠道，丰富传播媒介

"一带一路"倡议背景下传播中华优秀传统文化是一项系统性的工程，必须丰富政府机构、企业、民间组织、普通民众等多种渠道，形成多方积极参与的立体性的文化输出新格局。政府机构要充分发挥主导和引领作用，通过官方权威话语将传统文化中蕴含的和平、开放、包容的思想传达给沿线国家；各企业应扩宽视野，加大创新，提升专业化水平，打造文化交流品牌，创造出更多富有内涵的传统文化产品；民间组织是连通政府和民众的中介，由于其非官方色彩，更易于被受众接纳，通过开展形式多样的文化交流活动，更灵活、更有针对性地进行信息输出；普通民众可以通过互联网加入传播和阐释中华文化的队伍之中，而其中的佼佼者，如传统文化研究学者和知识分子，可将自身学识转化为优异的学术成果，传递中华优秀传统文化。

媒体是获得文化符号的主要源泉，"一带一路"倡议下，要运用多种信息载体，建设一张涵盖出版、广电、网络、移动等全方位、深层次、立体化的中华文化传播网络，将中华优秀传统文化的广度和深度发挥到极致，展示中华文化的博大精深。

其一，书籍、报纸等作为传统媒体的纸媒，当前处于式微的发展状态，我们必须利用好其深度报道的特色，发挥其"内容为王"的优势，提升传播形式的亲

民性,加强信息反馈与互动,从而突出其在区域性使用上的便捷性,吸引更多受众。

其二,作为信息传播主流的电视广播节目,它包含了电影电视、综艺节目、纪录片等,形式多样,由于受到监管部门的审查,信息的准确度较高,在当前仍然是传统文化最为主要的传播方式。推进电视纪录片、综艺节目的产业化发展,适度加入娱乐性的元素,多多打造《如果国宝会说话》《中国诗词大会》《典籍里的中国》等体现优秀传统文化的文艺类节目,同时各大电视媒体要利用好主流媒介话语权,在与"一带一路"沿线国家交往的各种场域中加大其播放力度,让传统文化的价值、内涵和意义在寓教于乐中根植到沿线民众的心中。

其三,作为当下思想文化交流主要阵地的互联网,打破了时间和空间的限制,让来自全世界不同国家、地区的民众通过网络论坛、社交网络等平台畅所欲言,进行文化交流碰撞,使文化传播变得更加快捷、广泛。推动中华优秀传统文化在网络时代的传播,必须加快建立数据库,以便进行分享和传播。在我国"一带一路"官方网站上,应当细化文化专题,建立中华优秀传统文化交流平台,定期发布相关话题,增设互动区,保障我国与沿线国家民众的独立交流。充分利用"互联网+"的模式,开展文化建设活动,形成以信息为中心的跨越不同语言、国界以及文化的网络空间,开辟我国传统文化交流新渠道。

其四,在全新的科技支撑下出现的新媒体,依靠其与受众即时的交流互动,增强了传播效果。相关的手机 App 成为传统文化信息传播的生力军,受众通过网络直播这一新颖的方式,可以更真实地感受文化场景,实现即时互动参与,加深文化印象。"抖音"等短视频形式满足了受众碎片化获取信息的阅读习惯,并且凭借生动的内容、灵活的表现形式被广泛接受。微信公众号、微博等贴近民生、内容形式多样,深受广大受众的欢迎。VR视听结合,让历史与现代科技完美结合,可以让受众身临其境,在体验到传统文化遗产的同时学习到我国优秀的历史文化。在加强各类文化传播媒介有序发展的同时,也要推动各类传播载体的有机结合,打造"融媒体"平台。新媒体在传播效率上优势明显,而传统媒体有着更强的专业性,融媒体并不是两种单一媒体的粗略相加,而是需要做到二者在内容、运营、平台等方面真正的融合,充分发挥其互动性强、即时性高、信息量大的特点。在"一带一路"倡议背景下,只有利用媒体融合形成科学合理的传播矩阵,才能更广泛地吸引沿线国家受众,推进中华优秀传统文化的立体化传播。

(2)加强文化传播方式和内容的精准度

"一带一路"沿线国家文化多元而复杂,风俗习惯、宗教文化和政治体制存在巨大差异,要想增强中华优秀传统文化在当地的影响力,更好地被沿线人民所接受,就要求我们在文化传播交流的过程中讲究技巧,不要去强硬地改变他们的文化习俗与价值观念,而是在充分了解和尊重沿线国家不同的话语形态、思维方式的基础上,加强我国文化传播方式和内容的针对性、准确性、有效性,实现中外文化的互学互鉴、共同繁荣。在文化交融的过程中,我们应立足于服务当地民众,根植受众文化需求,在保持我国传统文化本质和精髓的前提下,改进传播策略,摒弃单一的、干瘪苍白的宣传方法,转换对外话语方式,注重巧妙柔性的隐性传播,增加趣味性,用对方易于理解、易于接受的方式讲述中国故事,提升传统文化对外传播效果。

优秀的传统文化涉及历史、社会、经济、军事等各个方面,凝聚了中国人民无数智慧的结晶,对我们每个人都产生了深远的影响。在"一带一路"这个覆盖世界各地不同文化形态和文明体制国家的倡议下,如何使中华文明能够得到传承,挑选出高质量、适合的文化内容是必不可少的。因此,我们必须树立"全球一体化"的整体思维,从国际视角对沿线国家的文化发展进行分析,深入挖掘和拓展我们的传统文化,立足于各个国家不同的历史发展和文化传统,筛选更多元、更适合沿线国家人民需求的文化理念与国学经典。同时,要加大传统文化资源的创新、创意发展,使之更加通俗易懂,更加有感染力,更加符合沿线国家民众的审美情趣与价值取向,进而更好地引起沿线国家人民的文化共鸣。在海外新闻宣传中,要选取更贴近生活的视角,采用更"接地气"的标题,以更温情细腻的笔触、生动活泼的语言写就一篇篇入脑入心的报道,通过这种喜闻乐见的方式传播中华优秀传统文化,使之能够更深刻地理解报道所蕴含的文化内涵及其所传递的价值观,促进文化的交融。

3.以构建灵活高效的人文交流体系为主体,推动中华优秀传统文化传播

(1)加大在官方交流活动中,传播推介中华优秀传统文化的力度

人文交流是"一带一路"建设的根基与灵魂,中华优秀传统文化所蕴含的人

文精神与"一带一路"倡议所秉承的发展理念极其切合。"一带一路"沿线国家文化多样,绚丽多彩,因此,要充分发挥文化的先行作用,深入开展我国与沿线各国政府间的文化合作交流,加大我国优秀传统文化产品的推广力度,积极开展各类文化产品展销会等,倡导建立多层次的文化交流年、交流节等活动,联合建设丝绸之路国际剧院、博物馆、美术馆联盟等,与沿线国家建立友好城市,邀请沿线各国文化学者来华交流,让他们深刻了解中华文化的独特魅力,提升中华文化影响力。另外,要积极借助以"一带一路"为核心的国际论坛、峰会、博览会等官方交流活动,充分发挥"一带一路"国际合作高峰论坛、中国—东盟博览会、丝绸之路文化展、博鳌亚洲论坛、中阿合作论坛等在文化交流中的平台作用,凝聚沿线各国合作共识,实现联动发展,加强国家层面人文对话,传播中华优秀传统文化。例如,在敦煌举办的第三届丝绸之路国际文化博览会"中华文化与'一带一路'"论坛上,参与各方就强化优秀传统文化认同、弘扬优秀传统文化经验做法等问题进行了深入交流,通过挖掘丝绸之路丰厚的历史文化资源和人文基础,谋求构建沿线各国各民族多元文化融合大通道,实现多样文明互学互鉴。

(2)增进民间文化交流对话

人民群众作为历史活动的主体,在社会的发展进程中发挥着决定性的关键作用。因此,要提升"一带一路"背景下中华优秀传统文化的影响力,关键还在于"心相知""民相亲",普通民众在其中占据着举足轻重的地位。文化间的交流、互鉴是文化对外传播的有效手段,要秉持睦邻、安邻的理念,在国家政策的支持引导下,我国应当与沿线国家积极开展深层次、多样化的文化交流活动,将文化的交流合作从顶层设计转变为社会的内在行动,讲好中国故事,传播好中国声音。首先,通过文艺展演、影视输出等方式广泛传播戏曲、武术、书画等优秀的中华文化元素,形成具有传统特色的标志性人文交流品牌。其次,鼓励民间文化团体加强艺术创作,将"一带一路"的时代内涵与传统文化的艺术创新相结合,创作出体现我国传统风土人情、民族风貌的艺术产品。再次,借助中国农历新年、中秋节等传统节日弘扬中国传统饮食文化、民俗文化,展示中国特色;利用好国际艺术节资源,了解沿线各国民间文化艺术节日,鼓励我国艺术团体积极参与,带动中华优秀传统文化"走出去"。最后,充分发挥华侨华人在我国文化交流中独特的纽带作用。4000多万热爱中国、融通中外的华侨华人聚居在"一带一路"沿线国家，他们精通当地的语言、风俗及具体国情，并且主动参与到当地的文化活动中，在推动我国与沿线国家的民间文化交流中扮演着天然的使者角色，在深化各国交往、促进民心相通中发挥着重要的作用。

（3）强化文化教育领域交流合作

中国与"一带一路"沿线国家积极拓展教育、学术科研等文化交流合作新领域，切实推进教育领域有序交往，对创新"一带一路"文化交流合作形式，丰富文化交流合作内容，提升我国文化国际交流的层次与水平意义非凡，是推进沿线各国人民"相知相亲"的关键途径，为我国优秀传统文化的传播提供了优越的平台。

一是加强布局海外文化中心，建立中华义化传播阵地，提高我国文化对外传播的针对性与主动性，以此来填补临时文化访问所存在的游击性和短期性的欠缺。通过汉语教学培训等活动扎根沿线国家当地，使越来越多的人开始喜欢汉语、学习汉语，从而激发他们深入了解中华文化的兴趣，搭建我国优秀传统文化"走出去"的重要途径，于潜移默化中深化我国与沿线国家人民间的合作与友谊。这其中，创办孔子学院，开设孔子课堂就是一个典型代表，它已经成为一个全球性品牌，在中外语言文化交流中发挥着重要作用。沿线民众通过对汉语和中华文化知识的学习，感受到我国优秀传统文化魅力，提升了对我国和平发展文化价值观的认同，有益于我国建立良好的国家形象。加强海外孔子学院跨文化传播，要积极拓宽教育合作领域，深化"一带一路"区域各孔子学院间的交流，共同培训师资，交流办学特色，互通办学理念，联合举办系列文化活动；谋求孔子学院与当地其他文化传播机构的合作，促进多方优势互补，资源共享，实现联动发展，提升中华文化辐射力。

二是加大与沿线国家高校合作办学力度。合作办学是区域一体化与经济全球化发展的必然结果。我国应积极与沿线国家制定教育合作协定，从沿线各国不同的经济状况、教育水平出发，差异化设置办学理念、课程教学与管理方法，整合优质教学资源，开展互联互通，加强文化教育人员对话与合作，共同开发双语开放课程，联合培养文化交流专业人才，实现教育的协调发展，共同服务于"一带一路"文化建设事业。

三是加强与沿线国家高校人员的互动交流，通过高校间学者访问、互派教师以及交换留学生等方式，带动跨国界、跨文化的教育交流合作。例如，鼓励我国优秀的传统文化教育专家、学者到"一带一路"沿线地区从事教学、科研工作，担当我国经典传统文化传播使者；系统引进海外高端人才和学术团队，主动邀请沿线国家一流的专家、学者来华任教、访学；大力推进"丝绸之路"奖学金计划、"丝绸之路"青年学者资助计划、"丝绸之路"教育援助计划等项目，增加沿线留学生硕、博士学位奖学金名额，吸引更多学生来华留学，增进各国留学生对我国传统文化的认知和理解。

四是推动丝路旅游产业发展。千百年来，古丝绸之路孕育出了灿烂的丝路文化，在"一带一路"倡议下更加熠熠生辉。文化是旅游的精神命脉，旅游是文化传播的有效路径，旅游与文化的结合会产生很大的增值效应，直观的文化体验能够让受众更加直接地了解富有当地特色的传统习俗及其所承载的文化价值，消除两国人民的思想偏见与情感隔阂，拉近两国人民心灵的距离。

参考文献

[1] 曹启富，向天华.中国传统文化教程[M].成都：西南财经大学出版社，2014.

[2] 刘思阳，等.中国优秀传统文化与大学生思想政治教育探究[M].北京：中国水利水电出版社，2016.

[3] 王志文，牛继舜.中华文化传承与传播策略研究[M].北京：经济日报出版社，2017.

[4] 马文章.根之情：中华优秀传统文化在实践中的应用[M].北京：新华出版社，2017.

[5] 姚晓红，冉冉，任霏.中华优秀传统文化与当代大学生社会主义核心价值观的构建[M].石家庄：河北人民出版社，2017.

[6] 孙耀胜.中华优秀传统文化与大学生素质教育探究[M].北京：中国水利水电出版社，2017.

[7] 郭雪峰.中国优秀传统文化与大学生人文素质培养[M].长春：东北师范大学出版社，2018.

[8] 赵君香.中华文化传承与国际传播研究[M].济南：山东大学出版社，2018.

[9] 陆通.中华优秀传统文化与文化自信[M].长春：吉林出版集团股份有限公司，2018.

[10] 刘明洋.转化与发展：走进新时代的中华优秀传统文化[M].济南：山东人民出版社，2018.

[11] 傅秋爽.北京中华优秀传统文化传承与传播创新研究[M].北京：中国社会科学出版社，2019.

[12] 赵坤.中华优秀传统文化当代价值[M].桂林：广西师范大学出版社，2019.

[13] 刘波，肖茜尹，尹申，等.中华优秀传统文化与新时代高校青年学生文化自信[M].成都：四川大学出版社，2019.

[14] 郭敏飞，段丽丽.中华优秀传统文化[M].大连：大连理工大学出版社，2019.

[15] 李丹.中国优秀传统文化[M].长春：东北师范大学出版社，2020.

[16] 谢芳.传统文化的传承与传播[M].天津：天津科技翻译出版有限公司，2020.

[17] 程亮，颜复萍.新媒体时代传统文化的传播特征与对策探究[J].中华文化论坛，2010（04）:118-121.

[18] 杨果，吴增礼."互联网+"时代中华优秀传统文化传播的本质要义、实践审视和联通路径[J].湖南大学学报（社会科学版），2021，35（05）：7-12.

[19] 苟延峰，袁柏林，吕延.新媒体时代中国优秀传统文化传播问题探究——以安徽省市域调查为例[J].皖西学院学报，2021，37（04）：67-72.

[20] 富天飞.对比语言学视域下的中华优秀传统文化传播分析初探[J].作家天地，2021（20）：47-48.

[21] 杨红霞.新媒体时代下中华优秀传统文化传播的优化措施[J].黄河·黄土·黄种人，2021（11）：16-17.

[22] 刘娟.新媒体环境下中华优秀传统文化传播研究[J].文化学刊，2021（05）：103-105.

[23] 刘煜昊，熊琰，宋协娜.中华优秀传统文化：马克思主义中国化的坚实根基[J].人文天下，2021（12）：4-11.

[24] 李琦，韩玉洁，黄运连.新媒体视域下优秀传统文化传播路径研究——以李子柒为例[J].采写编，2021（11）：95-96.

[25] 郎劲松，陈曦.激活与出圈：中华优秀传统文化的全媒体传播[J].电视研究，2021（11）：56-59.

[26] 尚媛媛.文化符号视域下中华优秀传统文化创新传播研究——以《国家宝藏》为例[J].传播与版权，2021（10）：46-49.

[27] 王伟超.论中华优秀传统文化出版及传播的多元路径[J].出版广角，2021

（19）：68-70.

[28] 陈波，邱明磊.中华优秀传统文化与网络传播——互联网时代的传承与发展[J].社会科学动态，2021（01）：43-48.